KB072400

권 오 현
초 격 차
리더의 질문

권 오 현

초 | 격 | 차
리더의 질문

권오현 지음

쌤앤
삽 파커스

차례

2장 # 혁신 생존과 성장의 조건

3장 **문화** 초격차 달성의 기반

프롤로그

—

다시 도약할 시간

2017년 10월 경영 일선에서 떠난 후 20여 년간 경영자로 일하면서 얻은 경영 철학, 경험과 노하우를 공유해야겠다는 생각으로 《초격차》를 출간했습니다.

책을 출간한 후 지난 2년여 동안 많은 분들이 책의 내용에 공감해주시고 관심을 보여주셨습니다. 책과 관련된 공개 강연이나 인터뷰도 많이 요청받았지만 모두 사양했는데, 나름대로 이유가 있었습니다. 첫째로는 회사 업무와 관계없는 공개 강연이나 인터뷰를 하지 않는다는 저 자신의 원칙을 책이 출간되었다고 해서 깨뜨리고 싶지 않았고, 둘째로는 제가 할 수 있는 이야기는 책을 통해서 어느 정도 전달되었다고 생각해 별도의 자리에서 다시 설명할 필요성을 느끼지 못했기 때문입니다.

강연이나 인터뷰는 삼갔지만 《초격차》를 출간한 후 개인적으로 책에 대한 감상이나 의견을 들을 기회가 없었던 것은 아니었습니다. 현직 때 만났던 다양한 분야의 전문가, 교수, 스타트업 창업가, 가업 승계자, 전문 경영인들과의 티타임이나 저녁 식사 모임은 경영 일선에서 물러난 이후에도 계속되었습니다.

현장에서 실천할 수 있는 아이디어

사실 책을 내기 전에는 저의 경영 방법이나 조직 관리나 인재 운영 등 구체적인 경영 활동에 대한 질문보다 일반적인 경제 동향이나 삼성의 성공 스토리에 대한 질문이 많았습니다. 그런데 《초격차》가 출간된 후에는 실제 경영 현장에서 생기는 다양한 고민뿐만 아니라 책에서 제가 특별히 언급하지 않았던 구체적 방법론에 대한 질문들도 대화의 중심에 자리 잡기 시작했습니다.

"최고 경영자가 신경 써야 할 것이 많은데 무엇에 우선순위를 두어야 할까요?", "좋은 인재인지 어떻게 알아보고 어떻게 찾아야 할까요?", "사업을 확장시키는 가장 좋은 타이밍이 언제인지 어떻게 알 수 있을까요? 또는 언제 접어야 할까요?", "창업 후에 지속적 성장을 이루려면 무엇을 어떻게 준비해야 합니까?", "사내 개혁을 하려는데 내부 인력이 좋을까요? 외부에서 물색하는 것이 좋을까요?", "후계자로 점찍어둔 인재를 훌륭한 경영자로 육성하기 위해서는 어떤 트레이닝이 필요합니까?", "무엇을 봐야 그 사람이 정말 유능하고 적합한 사람인지 알 수 있을까요?", "창업자인 부친과 운영에 있어서 의견 차이가 있는데 어떻게 해야 할까요?" 등등 각자가 처해 있는 상황에 따라 인재와 조직, 시스템 설계부터 기업의 미래에 이르기까지 현실적이고 다양한 질문들이 자연스럽게 이어졌습니다.

그 자리에 있던 모두에게 해답을 말해줄 수는 없었지만 제 경험이나 평소 생각하고 있던 아이디어들을 풀어놓고 자유롭게 대화할 수 있었습니다. 현장에서 나온 다양한 고민과 이야기들을 들으며 저의 부족함을 느꼈고 그전에는 깊이 생각하지 못했던 주제들을 다시 한번 새롭게 정리해볼 수 있는 유익한 시간이었습니다. 그와 동시에 여전히 많은 경영자와 조직의 리더들이 대동소이한 고민을 하고 있다는 사실도 알게 되었습니다.

경영과 관련된 수많은 질문에는 기업마다 처해 있는 상황이 다르므로 특정한 해법이 있을 수 없습니다. 저 역시 실제로 실현해보지는 못하고 아이디어로만 갖고 있던 생각을 말씀드릴 수밖에 없는 경우가 많았습니다. 하지만 나름대로 도움이 될 만한 답을 찾기 위해 생각을 다듬게 되었고, 좀 더 실천 가능한 아이디어를 제공하고 싶다는 데까지 생각이 닿았습니다.

다시 말해서 제가 현직에 있을 때는 이런저런 여건상 실행하지 못했지만 늘 머릿속으로 그리고 있었던 것들을 구체적으로 정리할 필요성을 느끼게 된 것입니다.

성장의 한계인가, 생각의 한계인가

다행히도 많은 분들이 《초격차》의 내용에 공감하고 있었지만 당장 현장에서 무엇을 어떻게 바꿔야 할지는 난감해하는 눈치였습니다.

"책의 내용처럼 실행한 것이 사실입니까? 진짜로 그렇게 해도 문제가 없었습니까?" "우리의 사정은 삼성과 같은 대기업과 다른데 그렇게 할 수가 있을까요?" 이런 질문들을 계속 마주하다 보니 어느 순간 많은 리더들이 20~30년 전과 비슷한 생각에 갇혀 있다는 느낌을 받았습니다. 당연히 그럴 수밖에 없다는 생각도 들었습니다. 오랫동안 몸에 익은 습관을 하루아침에 버릴 수 없는 것과 같은 이치입니다. 이것은 그 사람 개인의 문제가 아니라 우리나라 대부분의 조직이 그들을 그런 사람이 되도록 만들어왔기 때문입니다.

오늘날 우리나라 대부분의 기업(특히 제조 기반)을 보면 기존의 '컨베이어벨트 시스템'을 최적화한 것은 분명해 보입니다. 한마디로 시스템 효율을 세계 최고 수준까지 올려놓은 것이지요. 이들의 가장 큰 고민은, 효율성은 최고치에 도달했는데 그와 동시에 성장의 한계에도 도달했다는 점이었습니다. 그런데 이 단계를 뛰어넘을 아이디어도 없고, 뛰어넘을 아이디어가 있더라도 도전을 하지 않는다는 것이 문제였습니다. 비유적으로 말하자면 쟁기질의 달인이 되었는데 계속해서 쟁기질을 더 잘하는 방법을 찾는 데에만 골몰해 있는 것입니다.

많은 사람들이 기존의 프레임에 너무 익숙해진 나머지 트랙터를 사용해야 한다는 사실을 떠올리지 못하는 것처럼 보였습니다. 현재의 시스템은 미래에 대비할 수 있는 시스템이 아닌데도 말입니다.

사실 《초격차》의 내용을 비롯해 지금까지 제가 추구해왔던 경영 스타일은 지난 산업화 시대에 기업을 이끌어온 리더나 경영자들에게는 매우 '불안한 방법'으로 여겨질 수밖에 없었습니다. 왜 그럴까요? 이 이야기를 풀어나가기 위해서는 우리나라의 기업들이 어떤 과정을 거쳐서 오늘에 이르렀는지를 살펴볼 필요가 있습니다.

이상하게 들릴지도 모르지만 우리나라는 1980년대 중반까지도 '창업의 시대'였습니다. 좀 더 정확하게 말하면 새로운 아이디어로 창업을 한 것이 아니라 미국이나 유럽 등의 선진국에서 이미 만든 제품이나 서비스를 모방copy해서 우리나라에 정착시키는 형태의 창업이었습니다. 현재 우리나라의 주력 산업인 IT, 자동차, 조선, 화학, 철강 등등 거의 모든 산업이 해당합니다. 남의 것을 모방하면서도 창업해서 성장시키는 것이 가능한 시대였던 셈이지요. 새롭고 혁신적인 무언가를 시도하기에는 자본과 인프라도 부족하고 기술력도 낮았으니 이런 방식이 가장 나은 선택이었을 겁니다. 어쨌든 이렇게 창업한 기업들은 1990년대까지 그 규모를 키우면서 성장 모드를 유지했습니다.

요즘 식으로 말하면 패스트 팔로어fast follower라는 모델인데 수많은 기업들이 A+를 받을 정도로 패스트 팔로어 모델을 성공시킨 셈이고, 제품 또한 세계 최고 수준으로 잘 만들었습니다. 세계에서 우리나라처럼 단기간에 이만한 성과를 이룩한 나라는 없었습니다. 1970~1980년대를 거치며 동아시아에서 급격히 성장한 네 국가를 '아시아의 네 마리 용'이라고 불렀던 것을 기억하실 것입니다. 하지만 그때 우리나라의 일부 기업은 다른 세 국가인 홍콩, 대만, 싱가포르와 다른 모습으로 급격히 성장해서 외형적으로는 미국이나 일본 기업들과 견줄 만큼 성공적인 회사로 만들었습니다.

우리나라 기업들이 패스트 팔로어로서 최고 점수를 받을 수 있었던 이유는 무엇이었을까요? 우리 상황에 맞는 최적의 시스템을 구축한 것입니다. 당시 우리 기업들의 리소스, 즉 자본도 인재도 시간도 부족했기 때문에 실수하지 않는 것을 최고의 덕목이라 여겼기 때문입니다. '돈도 없고, 시간도 없는데 실수하면 다 무너진다!'라는 인식이 깊게 뿌리내리고 있었고 또 사실이기도 했습니다.

이처럼 실수를 안 하는 것이 최고의 덕목이 되면 경영의 초점은 '관리management'로 집중됩니다. 일례로 이것을 가장 효율적이고 성공적으로 운용했던 기업이 바로 '관리의 삼성'이라 불렸던 삼성이었습니다. 한 치의 오차도 없이 완벽하게 하는 것에 사활을 걸었던 것입니다.

그 결과는 모두가 아는 바와 같습니다. 그 시대에 '관리의 삼성'은 기적 같은 성공을 이루었습니다. 실제로 기업을 경영해보거나 조직의 수장으로 있는 분들은 '관리를 잘한다'는 것이 얼마나 어려운지 알고 계시리라 생각합니다. 관리를 잘못하면 헛발질만 계속하기 마련이니까요.

아무튼 삼성을 비롯해 우리나라 기업 대부분은 지난 20~30년 동안 '관리' 중심의 경영을 해왔고, 이것이 하나의 문화culture로 자리 잡게 되었습니다. 이런 기업 문화에서 '일 잘하는 사람'은 '실수 안 하는 사람'이라는 인식이 고착화되었습니다.

경영자는 왜 '전문 관리인'이 되었나?

기업뿐 아니라 우리 사회에도 틀리지 않는 사람, 실수하지 않는 사람이 성공한다는 인식은 폭넓게 자리 잡고 있습니다. 우리나라의 입시를 예로 들어볼까요? 학생들은 여전히 '틀리지 않는 기술'을 배우는 데 엄청난 노력을 하고 있습니다. 남보다 하나라도 덜 틀리는 사람이 좋은 학교에 간다고 생각하는 것입니다. 답이 정해져 있기에 새로운 것을 하는 사람이 아니라 덜 틀리는 사람이 소위 일류 대학에 가게 됩니다. 실수 없이 일하는 것이 최고의 덕목인 문화 속에서 '사고 안 내고 실수 안 하는 사람'이 '일 잘하는 사람'이라고 정의 내려질 수밖에 없는 것입니다.

기업들이 추구해온 방향도 마찬가지였습니다. 남의 것을 카피하더라도 미국, 일본 등 선진 기업의 사례들을 연구한 뒤 그들이 실수한 것은 피하고 부족한 점을 개선하고 보완한 기업이 실력 있는 기업으로 인정받았습니다. 실력이 없는 기업은 실수까지 베껴서 C를 받는 것이지요. "잘 베끼는 것도 실력이다."라는 말이 나온 것도 그 때문이 아닌지 짐작해봅니다.

그런데 지금은 카피할 게 없는 시대입니다. 다른 나라, 다른 기업과 유사한 사업 모델을 따라 하는 기업이 여전히 있기는 하지만 지속 성장하기 위해서는 끊임없이 새로운 기술, 새로운 비즈니스 모델을 찾아야 하는 시대가 되었습니다. 새로운 것을 시도하다 보면 실수할 수밖에 없겠지요. 실수하지 않는 것이 최고의 덕목이었던 기업들은 아예 새로운 것을 회피하거나 설령 시도하더라도 기존의 관리 시스템을 유지하면서 최대한 사고가 안 나는 방향으로 어설픈 조치를 취하기 시작했습니다. 바로 여기서 우리나라 기업의 어려움이 시작된 것입니다.

예전에는 창업자든 후계자든 관리를 잘하는 사람이 유능한 경영인, 일 잘하는 리더라고 인정받았습니다. 그러나 지금은 말 그대로 관리인이 됐습니다. 경영인이 아니라 '전문 관리인'이 되어버린 것입니다. 전문 관리인이 되어 조직 내에서 쓸데없이 세세한 것까지 다 관여하게 되고, 리더로서의 실력은 안 느는 것이지요. 왜 이렇게 시대와 역행하는 방식으로 일하는 것을 멈출 수 없게 된 것일까요? 불안하기 때문입니다. 새로운 것에 대한 불안, 실수하는 것에 대한 불안이 너무 깊이 자리 잡고 있기 때문입니다.

여전히 많은 학교나 회사에서는 보편타당하고 성실한 사람만 키우고 있습니다. 시키는 것을 실수 없이 하는 사람이 되는 것을 목표로 삼고 있습니다. 저는 요즘은 명문대 나온 사람들이 더 경쟁력이 없다고 농담 반 진담 반으로 말하곤 합니다. 부모가 하라는 대로 하다 보니 다른 것은 할 줄 모르는 사람이 된 것입니다. 게다가 다른 새로운 것을 했다가 틀리기라도 하면 늘 야단을 맞왔기 때문에 사회에 나와서도 "넌 명문대 나와서 그런 것도 못하니?"라는 말을 듣기가 싫어서 안전 모드만을 유지하는 것입니다. 이런 사람은 '조용히 기다렸다가 잘될 때 들어가자Wait and See'는 식으로 기회주의적인 태도를 보일 수밖에 없습니다.

반대로 비명문대 출신에 고등학교 때부터 이리저리 부딪쳐봤던 사람은 창피할 게 없으니 새로운 것에 도전할 때도 거침이 없습니다. 물론 우리나라 기업들의 여건상 그런 사람들이 도전할 기회가 많지 않다는 문제는 여전히 존재합니다. 안타깝게도 우리나라의 많은 기업과 리더들이 변신하기를 두려워하며 산업화 시대의 연장선 위에 머물러 있다는 것은 분명해 보입니다.

경영이란 무엇이고 어떻게 해야 하나?

사람은 발전하려면 변신을 해야 합니다. 그러나 자신의 의지에 상관없이 변신을 해야 할 상황도 생깁니다. 제가 그랬습니다. 삼성전자에 입사해 줄곧 반도체 기술 개발 분야에서만 근무하다가, 1997년 어쩌다 사업팀을 맡게 되면서 연구 개발자에서 경영자로 변신하게 되었습니다. 제 인생에서 최대 변곡점이자 전환점이 된 셈입니다. 임원 교육 때 들은 리더십, 전략, 조직, 인사 관리 등의 기본적인 내용과 회의나 보고 때 상사가 지시하는 것을 통해 얻은 간접 경영 경험이 전부인 상태에서 '초보 경영자'가 된 것입니다. 초보 운전자가 처음으로 고속도로에 진입한 상태를 떠올려보시면 될 것 같습니다.

10여 년 이상 개발 조직을 담당하며 약간의 경험은 쌓았지만, 사업을 책임지는 것은 차원이 달랐습니다. 경영자는 조직의 구성원과 고객을 이해하는 감성 능력, 전략과 계획 등을 세우는 이성 능력을 모두 갖추어야 합니다. 그런 관점에서 저는 경영자가 아니라 '관리자'였습니다. 비유하면 저는 그동안 가정에서 자녀(개발 팀장) 역할을 한 것이지, 가장(사업 팀장) 역할을 한 것은 아니었지요.

경영이란 무엇일까요? 누구에게서 배울 수 있을까요? 경영이란 과연 무엇인지, 누구에게서 배울 것인지를 찾는 것이 가장 큰 고민이자 풀어야 할 숙제 중 하나였습니다. 경영의 스타일은 기업마다 다르지만, 그 안에서도 변하지 않는 게 있다면 무엇일까요?

사업 팀장이 된 후에야 '경영이란 무엇이고 어떻게 해야 하나?'를 진지하게 고민하기 시작했습니다. 책도 읽어보고 상사들이 일하는 업무 방식을 관찰해보기도 했지만, 실제 문제 해결에는 그다지 도움이 되지 않았습니다. 아무리 뛰어난 운동 신경을 가지고 있다 하더라도 실제 시합은 하지 않고 관련 서적을 읽거나 텔레비전 중계를 많이 보는 것만으로는 좋은 선수가 되지 못하는 것과 같습니다. 스스로 생각하고 경험하면서 저의 방식을 개척해나갈 수밖에 없었습니다.

그 후, 저에게 익숙한 공학적 접근으로 경영 행위를 분석해보니 4개의 영역block, 즉 인풋input, 아웃풋output, 시스템system, 상황circumstance으로 분류되고 서로 영향을 미치면서 작동한다는 사실을 파악할 수 있었습니다.

기업의 경우 '인풋'은 투입하는 자원, 즉 인재, 자본, 기술, 투자 등이고 '아웃풋'은 지향하는 목표로 얻은 제품과 서비스, '상황'은 국내외 사회 제도, 조직 문화, 법률 체계 등이고 '시스템'은 조직, 인프라, 운영, 전략 등입니다. 각각의 영역에는 경우의 수와 변수가 많고 상호 복합적으로 작용하기 때문에 경영이 어렵고 한 가지 해결책만 있는 것이 아닙니다.

어떻게 하면 경영을 잘할 수 있을까?

경영자는 '최소의 인풋'으로 '최대의 아웃풋'을 내기 위해 '상황'에 맞는 '최적의 시스템'을 설계하고 실행하며 모든 것을 책임지는 사람입니다. 따라서 경영자의 철학 및 성향에 따라 경영 스타일이 다른 것입니다. 이병철 회장이 "반도체 사업을 하겠다."라고 선언한 것은 아웃풋을 먼저 설정하고, 이를 달성하기 위한 시스템을 설계하고, 필요한 인풋을 조정한 것입니다. "마누라와 자식만 빼고 다 바꿔라!"라는 말로 알려진 이건희 회장의 신경영은 혁신적인 시스템 설계를 통해 아웃풋을 초격차로 만드는 것이었습니다.

각 영역의 미묘한 변화로도 결과에 있어서 엄청난 차이가 나게 할 수 있습니다. 주어진 인풋이 모든 감독에게 같았지만, 히딩크 감독은 시스템 설계를 잘해서 한국 팀을 월드컵 4강까지 진출시킨 것이 좋은 예입니다.

경영을 4개의 영역으로 나누어 분석하는 방법은 신규 사업을 시작할 때는 물론 적자 사업을 개선할 때도 많은 도움이 되었습니다. 제가 처음 맡은 사업은 대형 적자를 내고 있었는데, 4가지 영역 중 아웃풋 설정이 잘못된 것이 적자의 원인이라고 판단되어 제품 구조를 대폭 바꾸었습니다. 제품 구조 변화에 맞게 인풋과 시스템을 바꾼 뒤 1년 만에 흑자 사업팀이 되었습니다. 물론 행운과 직원들의 노력도 있었습니다. 이후 계속 적자 사업을 맡을 기회가 있었는데 똑같은 방법으로 분석을 하고 우선순위에 따라 어떤 사업은 인풋 혹은 아웃풋 조정, 어떤 사업은 시스템 혁신 등을 통해 흑자로 전환시켰습니다.

그 후로 저는 사업 경험을 하면서 단순히 운영하는 차원에서 벗어나 '경영을 잘하려면 어떻게 해야 할까?'를 고민하기 시작하게 되었습니다. 일반적으로 아웃풋에서 얻은 부가가치, 즉 매출과 이익 등 실적이 좋으면 경영을 잘했다고 평가를 받습니다. 그러나 사업을 하면서 느낀 점은, 경영에서 실적이 중요한 것은 맞지만 실적만을 강조하면 장기적으로는 폐해를 남길 가능성이 크다는 것이었습니다. 실적은 경영의 필요조건이지만 충분조건은 아닙니다. 훌륭한 경영자는 경영을 잘하지만, 좋은 실적을 냈다고 훌륭한 경영자가 되는 것은 아닙니다. 수입이 많다는 것만 가지고 좋은 가장家長이라고 말할 수 없는 것과 같은 이치입니다. 지식이나 재능만으로는 성과를 낼 수 있겠지만 지속해서 성과를 내기는 쉽지 않습니다.

경영자는 어떻게 일해야 할까요? 오케스트라를 생각해보면 됩니다. 경영자는 지휘자, 단원은 조직원, 청중은 고객으로 비유하면 이해가 쉬울 것입니다. 지휘자가 청중이 듣고 싶은 곡을 선정하고 단원들의 능력을 최대한으로 이끌어내면서 최고의 연주를 하듯이, 경영자는 조직원의 능력을 향상시키는 인프라와 조직 문화를 만들면서 시장(고객)이 요구하는 가치(제품과 서비스)를 제공할 수 있는 시스템을 만드는 사람입니다. 훌륭한 경영자는 조직원과 고객을 만족시키고 지속 성장의 시스템을 구축하는 사람입니다. 즉 좋은 경영자가 되려면 좋은 인성(본성)을 갖춘 인재가 의미 있는 경험(훈련)을 통해 지혜를 쌓아야만 합니다.

이러한 고민의 과정을 통해 저도 경영의 원리를 조금씩 깨우쳐 나가게 되었습니다. 개발 분야에만 계속 있었더라면 쌓을 수 없는 소중한 경험을 한 것입니다. 새옹지마塞翁之馬, 전화위복轉禍爲福의 교훈을 실감했습니다.

'초격차'로 이끄는 리더

세상에 급격한 변화가 일어나고 있지만 우리는 아직 수십 년 전의 기업 문화를 고수하고 있습니다. 정부나 정부 관련 공기업, 교육 같은 부문도 변화가 절실한 것은 사실이지만 그런 조직은 사회적으로 여러 가지 다른 요소들이 복잡하게 얽혀 있어서 쉽게 고칠 수가 없습니다. 그러나 기업은 다릅니다. 기업은 변하지 않으면 망합니다.

그동안 다양한 분야의 스타트업과 중소·중견 기업, 그리고 그곳의 경영자와 후계자, 전문 경영인들과의 만남을 통해 저는 '리더'들의 생각과 태도, 그리고 '기업 문화'가 바뀌어야만 진정한 '초격차'에 도달할 수 있을 것이라는 생각을 하게 되었습니다. 좋은 리더는 도전, 창조, 협력의 정신이 기업 문화에 녹아들도록 조직과 구성원들을 이끌면서 지속 가능한 혁신에 이르는 길을 끊임없이 생각하고 실천에 옮겨야 합니다.

지금까지 해오던 대로 해도 기업은 어떻게든 굴러갈지는 모릅니다. 그러나 그런 기업은 절대로 발전하지 못할 것입니다. 요즘 같은 시대에는 살아남는 것조차 불가능하겠지요. 한 번의 혁신을 통한 성공이 언제까지나 지속되리라고 기대해서도 안 됩니다. 세상에서 가장 좋은 헌법을 만들어놓았다고 해서 그 국가가 저절로 잘 돌아가는 것은 아닌 것처럼 말입니다. 리더의 태도와 마음가짐은 그래서 중요합니다.

지속 가능한 혁신은 좋은 기업 문화에서 탄생하며, 리더는 이런 기업 문화를 만들어나가는 주체가 되어야 한다는 것이 제가 이 책에 담아내고자 한 메시지입니다.

앞서 말씀드렸듯이 이 책에서 다루는 주요 내용들은 제가 현직에 있는 동안 실현해보고 싶었으나 현실적인 여건 때문에, 또는 기회가 닿지 않아 아이디어로서만 남아 있었던 것들입니다. 비록 저는 실현시킬 기회가 없었지만 많은 후배 경영자와 기업의 리더들이 자신들만의 방식과 기준을 만들어 '초격차'를 이루어가는 데 보탬이 되기를 바랍니다.

2020년 9월
권오현

1장

리더

혁신과 문화의 선도자

경영자의 길, 관리자의 길
초격차로 이끄는 리더십

산업화 시대에 우리나라는 경제 개발의 모범 국가가 되었습니다. 일제 강점기와 한국전쟁을 거치면서 모든 기반 시설이 파괴되었고 자본도 기술도 없던 나라가 선진국 문턱까지 도달한 기적을 이루었습니다. 경제 규모, 무역 규모가 세계 10위권에 오르며 경제 강대국이 된 것입니다. 개별 회사만 보아도 삼성전자, 현대자동차, 포스코 등 수많은 세계 일류 기업이 생겼습니다. "개천에서 용 났다."란 말이 과언이 아닙니다.

산업화 시대의 후발 주자가 어떻게 이런 성과를 이루어낼 수 있었을까요? 2차 세계 대전 이후 20세기 후반까지 세계 경제는 고성장을 유지했고, 우리나라의 경제 정책과 국민의 노력 그리고 기업가들의 도전 정신이 잘 합쳐져 얻은 결과물이라고 생각합니다.

"우리 회사 사장은 사장급이 아니라 대리급"

1950~1960년대 우리나라는 창업의 전성시대였습니다. 우리나라의 주요 기업은 거의 모두 그 당시에 설립되었고, 창업가들은 각 사업 분야의 전설이 되었습니다. 각 기업은 선진 회사를 카피하면서 시작했지만, 점점 규모도 키우고 연구 개발도 하면서 패스트 팔로어로 성장해나갔습니다. 초기에는 자금도 인력도 시간도 부족한 상태였지만 창업가들의 집념과 직원들의 헌신적인 노력으로 대성공을 이루어낸 것입니다. 이러한 성취에 자신감도 생기고 자부심을 느끼게 된 것은 당연합니다.

카피 시대, 패스트 팔로어 시대의 경영 전략은 선진국에서 해왔던 방법을 철저히 분석하여 우리만의 방법을 찾아내고 실수와 실패 없이 빠르게 따라가는 것이었습니다. 속전속결速戰速決, 임전무퇴臨戰無退의 정신이라고 생각됩니다. 따라서 패스트 팔로어 시대의 최고 덕목은 실수 없이 업무를 완성하는 것이었습니다. 즉 실수가 발생하지 않도록 '최고의 관리 시스템'을 만들고 그것을 잘 운영하는 사람이 최고의 인재가 된 셈입니다. 그 결과 최고 경영자는 기업 내에서 발생하는 모든 상황을 제일 잘 관리하는 사람이 되었습니다. 모든 것이 부족한 상황에서는 가장 적합한 전략이었습니다.

그러나 4차 산업혁명이 시작되는 현재는 상황이 바뀌었습니다. 패스트 팔로어 시절에는 참고할 대상과 자료가 있었으나 이제는 없습니다. 모든 것을 스스로 구상하고 실현하지 않으면 성장은 커녕 생존조차 할 수 없는 시대가 된 것입니다. 관리가 최상의 덕목인 시절이 지나가고 도전과 창조가 점점 중요해지고 있습니다. 그러나 우리는 산업화 시대에 경험했던 '성공의 함정success trap'에 빠져 아직도 현재의 경영 방법과 방식으로 어떤 난관도 극복할 수 있다는 자만심 혹은 무지에 빠져 있다고 생각합니다.

지금은 조금 어렵지만 여태까지 해왔던 것처럼 우리 방식대로 열심히 하면 극복될 것이라는 착각을 하고 있습니다. 미래를 위해 무엇을 해야 할지, 어떤 인재가 필요한지도 모르는 것 같습니다. 세상은 급격하게 변하는데 아직도 많은 기업들의 경영 방식은 구태의연합니다.

지난 20여 년 동안 새로운 사업이나 글로벌 기업이 생겨나지 못한 것이 이를 증명하는 것은 아닐까요? 향후 새로운 사업이나 비즈니스 모델을 개발하려면 최우선으로 해야 할 일은 미래형 인재를 키우는 것입니다. 제가 《초격차》에서 언급한 '지속력'을 가져야 하는 것입니다.

아직도 실수를 피하려고 모든 시간을 관리하는 데만 쏟는 사람이 유능한 인재로 여겨지고 있습니다. 그러한 인재가 과거에는 유능한 경영자였을지 모르나 현시대 상황에서는 발전의 걸림돌이 된다는 것이 제 생각입니다. 저는 그런 유의 경영자를 '전문 경영자'라고 부르지 않고 '전문 관리자'라고 부르고 싶습니다. 관리자 중 최고로 관리를 잘하는 사람이지요. 어쩌면 마이크로 매니저micro manager보다 더한 나노 매니저nano manager일지도 모릅니다. 사원들의 회식 자리에서 "우리 회사 사장은 사장이 아니라 대리급이야."라는 말이 아직도 나오는 실정입니다. "숲은 보지 않고 나무만 본다."보다 더한 "숲은 못 보고 나무는 안 보고 나뭇잎만 보는" 경영자도 많습니다.

우물 안 개구리 같은 경영자

경영자와 관리자의 차이점은 무엇일까요? 관리자는 자기가 없으면 업무가 안 된다고 생각하며, 심지어는 안 되게 만듭니다. 모든 것을 자신이 알아야 하고 자신에게 보고해야 하며 자신이 모든 안건을 결정해야 안심을 합니다. 그러다 보니 자기 자신도 쉴 틈이 없지만, 부하들에게도 휴식을 취할 여유를 주지 않습니다. 보고를 많이 받다 보니 내부 사정을 많이 알게 되어 스스로 똑똑하다고 생각하게 됩니다. 유능하지 못한 경영자는 그런 사람을 일을 잘한다고 착각하곤 합니다.

그들은 시스템으로 조직이 운영되게 만들지 않고 자신의 판단에 의존합니다. 업무의 양이 늘어나고 복잡해지면서 회의와 보고는 점점 증가하지만 모든 것을 혼자 하기에는 무리가 따릅니다. 그래서 결정의 일관성도 없고 더디게 진행됩니다. 권한 위임을 하지 않는 전형적인 마이크로 매니저입니다. 바쁘다 보니 미래는 생각해볼 여유도 없고 현재의 일에만 집중하고 지시만 할 뿐입니다. 자기가 해왔던 분야에서는 그럭저럭해낼 수 있으나 다른 일을 맡기면 잘하지 못하는 '우물 안의 개구리'입니다.

반면에 진정한 경영자는 본인이 없더라도 업무가 돌아가도록 시스템을 구축하고 권한 위임을 과감하게 합니다. 자기 업무의 상당한 시간을 미래에 필요한 일에 집중하고 다양한 의견 청취를 통해 미래를 준비합니다. 지시만 일방적으로 하는 것이 아니라 부하들이 스스로 생각할 수 있는 질문을 많이 던집니다. 실력도 있어서 어느 분야를 맡더라도 해낼 수 있습니다.

누가 관리자 스타일인지, 누가 경영자 스타일인지를 확인하는 방법은 기존에 자신이 해왔던 일과 전혀 다른 업무나 사업이라도 할 수 있겠다는 의지와 능력 유무로 판단하는 것입니다. 예를 들면 현재 전자 계열의 사장이지만 금융 계열도 맡을 수 있다는 자신감과 능력이 있어야 진정한 경영자라고 할 수 있습니다. 새로운 시대를 이끌어갈 회사의 최고 경영자는 경영자 유형이어야지, 관리자 유형이 되면 절대로 안 됩니다. 그러나 아직도 국내 대다수 기업의 최고 경영자는 전문 관리인 스타일이 많아 향후 발전에 장애가 될 것입니다.

여러분이 최고 경영자라면 어떤 유형이십니까? 부하를 경영자로 키우십니까? 관리자로 키우십니까?

영웅은 난세에 탄생한다
위기 극복

기업은 항상 위기 상황에 직면하고 경영자들은 위기를 어떻게 극복할 것인가로 노심초사하고 있습니다. 기업에서 위기란 정상적으로 경영을 못 하는 상황에 처해 회사의 존망으로 연결되는 것을 말합니다. 위기의 원인이 기술, 품질, 인프라 취약 등과 같은 내부 문제라면 상대적으로 쉽게 해결할 수 있지만, 사회적으로 민감한 성차별과 성 관련 문제, 언어폭력, 우월적 지위를 이용한 갑질 등의 문제는 잘못 처리하거나 방치하면 외부의 문제로 확대되면서 평판이 악화되어 회사가 망가지게 되는 것입니다.

사실 회사의 생존이 걸린 심각한 문제는 외부에서 기인할 때가 많습니다. 최근 세계적으로 피해를 주는 코로나19 사태와 같은 천재지변을 제외하면 기업에 영향을 주는 위기 요인들은 어느 정도 예측할 수는 있습니다. 모든 위기에는 전조가 있기 마련입니다. 우리나라의 외환위기, 2008년 세계 금융위기 때도 리더의 자만, 오판, 무지 등으로 인해 위험의 징조를 간과하고 있다가 위기를 극복하기는커녕 오히려 상황을 악화시킨 기업이 많았습니다. 이처럼 위기의 원인이 외부에 있다고 하더라도 대처하는 것은 모두 리더의 몫입니다. 위기는 대처 방법을 미리 준비하지 못한 리더 자신에게서 비롯된 것이지 오직 외부 탓만은 아닙니다. 따라서 리더들이 명심해야 할 경구는 유비무환有備無患입니다.

구성원이 게을러서 망하는 조직은 없다

리더들은 항상 기술의 변화, 사회 현상의 변화 등 거시적 트렌드를 살펴보고 대응책을 준비해야 위기를 피하거나 피해를 최소화할 수 있습니다. 기술의 변화를 간과한 노키아와 블랙베리의 휴대폰 사업 몰락과 소니와 파나소닉의 TV 사업 쇠퇴가 이를 증명합니다.

앞으로 다가올 미래에는 기후 변화에 대응하기 위한 획기적인 탄소배출 감소 방안을 마련하지 않는다면 경영에 영향을 받을 것입니다. 노령화 사회, 무역 전쟁, 코로나19 사태로 인한 탈세계화 등과 같은 상황 변화에도 그에 맞는 준비를 해야 합니다. 진정한 경영자라면 이런 상황을 대비해야지, 대응만 해서는 절대 안 됩니다.

우리나라 경영자들은 위기라는 말을 남발하고 있습니다. 경영 실적이 좋지 않거나 개선될 기미가 안 보이면 "위기인데 근무 기강이 이렇게 해이하니 이 모양이지."라는 말을 습관적으로 합니다. 위기감을 조성하거나 근무 기강을 들먹이는 행동은 자신의 잘못을 직원들에게 덤터기 씌우는 것이나 마찬가지입니다.

구성원들이 게을러서 조직이 망하는 경우는 없습니다. 경영이 어렵다고, 위기라고 계속 말하면 임직원도 처음에는 긴장하지만 매년 반복되는 똑같은 말에 내성이 생겨 무감각하게 받아들입니다. 진짜 위기 상황이 오더라도 믿지 않게 됩니다. 양치기 소년의 거짓말처럼 되는 것이지요. 위기라는 말을 상습적으로 사용할수록 그 단어는 식상한 말이 되어버리고, 구성원들은 '우리가 위기 아닌 적이 있었나?'라고 생각하게 됩니다. 그래서 리더는 위기라는 말을 함부로 사용해서는 절대 안 됩니다. 이런 리더는 절대 좋은 리더라고 할 수 없습니다.

위기 상황이나 분위기 반전이 필요한 경우에는 3간=間, 즉 시간, 공간, 인간 중에서 최소한 하나라도 바꾸어야 합니다. "마누라와 자식만 빼고 다 바꿔라."로 시작한 이건희 회장의 신경영 선언은 7·4제(오전 7시 출근, 오후 4시 퇴근)를 시행함으로써 '시간 변화'라는 쇼크로 강력한 혁신의 의지를 보여준 대표적 사례입니다. 제가 적자 상황의 반도체를 맡게 되었을 때도 분위기를 바꾸는 것이 필요하다고 생각했습니다. 그 당시 대부분의 공장 건물은 회백색으로 도색되어 있었습니다. 단지 깨끗해 보이기만 할 뿐 너무 정적으로 느껴져 벽면을 채색하도록 지시했습니다. 처음에는 반대 의견도 있었지만 일단 바꾸고 나니 훨씬 동적인 분위기가 되었습니다. 그뿐 아니라 신축 건물에는 단순 채색에서 벗어나 추상화가 몬드리안의 작품 패턴을 넣기도 했습니다. 물론 지적 재산권의 문제가 없다는 것도 확인했지요. 그렇게 '공간 변화'를 주니 임직원도 만족하고 외부 방문객들도 대학교 캠퍼스 같다며 만족했습니다. 물론 절체절명의 위기 상황이라면 시간이나 공간의 변화보다는 사람(인간)을 바꾸는 것이 훨씬 효과적이라고 생각합니다. 눈에 보이는 변화 없이 말로만 위기라고 하는 것은 제가 보기에 조직이 붕괴되고 있다는 신호입니다.

아무도 위기를 좋아하지 않지만 준비만 잘한다면 누구도 쫓아올 수 없는 '초격차'를 달성할 수 있는 기회로 반전시킬 수 있습니다. 위기와 기회는 동전의 양면입니다. 위기를 기회로 반전시키는 역할은 유능한 인재만이 할 수 있습니다. "난세亂世에 영웅이 나온다."라는 말이 있습니다. 평화롭고 안정적인 시대에는 새로운 도전을 하지 않으니 직원들 간의 차이를 알아내기 힘듭니다. 그렇지만 위기 상황에서는 특출한 인재가 누구인지 알 수 있습니다. 그런 인재야말로 진가를 발휘합니다. 이순신 장군 같은 위대한 인물이 있었기에 임진왜란이라는 위기를 극복하고 조선을 구해낸 것이지요.

위기는 해결책을 기다려주지 않는다

위기를 극복할 수 있는 해법을 한마디로 설명할 수는 없습니다. 하지만 리더들이 어떠한 어려움에도 자신감이 있는 모습을 직원들에게 보여주고, 유능한 인재를 꾸준히 키우고 확보한 조직은 절대 망하지 않습니다. 유능한 인재로 구성되어 있는 조직은 다음과 같은 성향이 있습니다.

- 유연 adaptive 하다
- 민첩 agile 하다
- 과감 audacious 하다

사실 누구도 어떤 위기가 올지 알 수 없지만 위기의 본질을 파악하고 유연하게 대응할 수 있는 인재를 육성하고 시스템과 제도를 구축해야 합니다. 코로나19 사태로 대면할 수 없는 상황인데도 기존의 방식만을 고집한다면 살아남을 수 없습니다. 사고 능력이 없는 박테리아나 바이러스도 환경에 유연하게 적응하는 과정이 너무 신비롭지 않습니까? 우리의 구성원도 조직도 그래야만 합니다.

위기는 우리가 해결책을 찾을 때까지 기다리지 않습니다. 건설은 오래 걸리지만 파괴는 순식간에 이루어지듯이 위기는 빠르게 진행됩니다. 위기를 극복하려면 위기의 진행보다 더 민첩하게 대응해야 합니다. 많은 리더들은 대응책을 검토한다며 시간을 보내고 실행을 주저하다 극복할 기회를 잃어버립니다. 위기 상황에서는 절대로 우유부단해서는 안 됩니다.

위기는 항상 새로운 모습으로 다가옵니다. 따라서 기존의 방식으로는 미봉책에 그치고 완벽하게 해결하기도 쉽지 않을 것입니다. 새로운 방식을 과감하게 도입해야 효과가 있습니다. 익숙하지 않다는 핑계로 과거로 회귀하지 말고 새로운 도전을 해야 합니다. 그것이 위기를 극복하는 리더의 책임입니다.

리더는 다가올 위기의 요인을 파악하여 대비책을 마련해야 합니다. 그리고 새로운 상황에서도 유연하게, 민첩하게, 그리고 과감하게 행동할 수 있는 인재를 키운다면 어떤 위기라도 극복할 수 있을 것입니다.

Q 좋은 인재인지 알아보는 방법은 무엇입니까?

누가 최적의 인재인가?
리더의 5가지 유형

새로운 시대에 적합한 인재를 어떻게 알아볼 수 있을까요? 사람을 잘 보는 눈은 모든 경영자가 원하는 능력입니다. "될 성싶은 나무는 떡잎부터 알아본다."라는 속담처럼 자세히 관찰하면 좋은 사람을 알아볼 수 있는 안목을 높일 수 있습니다.

조직의 책임자는 부하들이 어떻게 일하는 사람인지 살펴봄으로써 그 조직의 성과와 미래를 어느 정도 예측할 수 있습니다. 신규 임원일 때 보이는 행동이나 태도는 고위 임원이 되어서도 거의 변하지 않습니다. 최고 책임자는 주요 부문에서 책임을 맡은 인재가 향후 어떤 리더로 발전할지 다음과 같은 항목을 관찰해보시기 바랍니다.

리더의 5가지 유형

이 글에서는 리더의 유형을 5가지로 분류하고 각각에서 나타나는 패턴을 분석해보겠습니다. 고려하는 인력이 어떤 부류에 속할지 판단한 다음 향후 어떻게 교육하고 처리해야 할 것인지 결정해야 할 것입니다.

1. 위대한 great 리더
2. 훌륭한 good 리더
3. 무난한 so-so 리더
4. 무능한 bad 리더
5. 최악의 terrible 리더

최악의 리더

최악의 리더는 외부에 노출되는 매출과 이익 등의 지표에 과도한 집착을 보이고, 이를 위해 결과를 조작하는 일까지 서슴지 않을 사람입니다. 한마디로 자신을 내세우기 위한 '보여주기show-up'의 대가大家입니다.

최악의 리더는 상사에게는 항상 좋은 결과만을 보고하고 실적을 과시하기 위해 상습적으로 부하들을 압박하면서 일종의 조작을 유도하기도 합니다. 영업 부서라면 실제로 팔리지도 않는 '밀어내기'도 서슴지 않습니다. 오직 단기 성과만을 극대화하려고 미래를 위한 개발, 투자는 물론 조직원의 교육을 위한 비용도 줄여서 자기가 맡은 시기만 잘 넘기려고 합니다. 궁극적으로는 조직을 몰락하게 만드는 리더입니다.

행동은 어떨까요? 최악의 리더는 자신의 실력을 과신하고 상대방의 의견은 무시하며 독단적입니다. 자기에게 아첨과 아부를 하는 극소수의 인력이 '패거리'를 형성하게 하고, 자기편이 아니라고 생각하는 사람들은 배척하고 소외시킵니다. 회의는 자기 생각에 대해 찬성 의견을 듣기 위한 일종의 요식행위로 전락하면서 제대로 된 소통도 없고 언로가 차단됩니다. 어떤 일이 잘되지 않을 때 원인 분석을 통해 해결하려 하기보다 책임자를 징계하는 일에 몰두합니다. 즉 희생양을 만들어 자신만을 보호하는 사람입니다. 자기 자신을 회사의 방침 같은 것은 지키지 않아도 되는 예외적 인물이라 여기면서 의전에 많은 신경을 씁니다.

역사상 수많은 국가나 회사가 이러한 리더 밑에서 몰락의 길을 걸었습니다. 이런 유형의 리더를 초기에 제거하지 않으면 현상황을 헤쳐 나갈 수 없을 뿐 아니라 영영 개선할 수 없는 조직이 되고 말 것입니다. 훌륭한 후임자를 임명하더라도 이미 냉소주의와 패배주의로 피폐해진 조직을 재건하기란 쉽지 않습니다. 미국에서 대형 사고를 낸 엔론Enron의 최고 경영자를 떠올려보면 쉽게 이해가 될 것입니다. 1985년에 창립된 미국의 천연가스 기업 엔론은 한때 미국 7대 기업에 이름을 올릴 정도로 큰 기업이었습니다. 그러나 2001년 CEO 제프리 스킬링의 분식회계로 인해 파산 보호 신청을 했고, 2007년 결국 파산했습니다.

무능한 리더

무능한 리더는 자신의 이익만을 위한 행동은 하지 않는다는 점에서 최악의 리더와는 차이가 있지만, 조직을 쇠퇴시킨다는 점에서는 마찬가지입니다. 일을 많이 하는 사람hard worker이 모두 무능한 것은 아니지만 무능한 리더는 일반적으로 엄청나게 일을 많이 하는 사람들입니다. 엄청나게 많이 하지만 효율성도 낮고 효과도 별로 없습니다. 그런데도 자신이 그렇게 일하는 것을 자랑하면서 부하들을 모두 같은 방향으로 몰고 갑니다. 결국 구성원 모두가 정신적·신체적으로 지쳐가면서 번아웃burn out 현상까지 겪게 되고, 나중에는 모두가 시키는 일만 하게 되는 소극적 문화가 형성됩니다.

패스트 팔로어 시절에는 그렇게 일하는 것만으로도 어느 정도 성과를 낼 수 있었겠지만, 새로운 것이 계속 나타나는 현시대에는 적당한 방법이 아닙니다. 하위권에 있는 학생이 공부하는 시간을 늘리면 어느 정도 성적은 오르겠지만 단순히 시간만 늘리는 공부 방법으로는 최상위권으로 올라갈 수 없는 것과 같습니다. 이런 리더 밑에서 조직원은 조직원대로 생각해볼 기회가 없다 보니 조직 전체적으로도 실력이 향상되지 못해 쇠락의 길로 접어들 수밖에 없습니다.

무능한 리더는 미래를 생각하지 않기에 중요한 결정을 단호하게 내리지 못하고 우유부단한 태도를 보입니다. 무엇이 중요한지 우선순위를 정하지 못하고 결정에 일관성도 없게 됩니다. 제대로 된 결정도 잘하지 못하지만 이미 결정된 것도 겁을 내며 실행하지 못합니다. 큰 결정은 두려움에 주저하면서도 작은 결정은 자기가 다 하려고 합니다. 흔히 말하듯 "숲을 보지 않고 나무만 본다."는 마이크로 매니지먼트 유형의 리더입니다.

이런 리더는 보통 회의를 많이 하고 쓸데없는 보고서와 검토를 수시로 시킵니다. 생각이 없다 보니 마구잡이로 일을 시키게 되고, 생각을 깊이 하지 못하다 보니 부서 간에 상충되는 목표를 주기도 합니다. 책임을 회피하려고 애매모호하게 말하는 경우도 많습니다. "그렇게 하는 것이 맞나?", "내 생각에는 잘될 것 같지 않은데?"라는 식으로 말하는 것이 대표적인 예입니다. 하라는 건지 하지 말라는 건지 명확하게 지시하지 않는 것이지요. 이렇게 지시해놓고 적극적인 부하가 일을 추진했을 때 결과가 좋으면 슬며시 넘어가고, 잘못되면 내가 안 된다고 하지 않았냐며 야단칩니다.

무난한 리더

무난한 리더는 크게 잘못하는 것도 없지만 특별히 잘하는 것도 없는, 우리 주변에서 가장 흔히 볼 수 있는 유형입니다. 성실하고 인간성도 괜찮아 조직 분위기는 좋아 보이지만 성장할 여건을 전혀 만들지 못합니다. 사고나 실수만 나지 않도록 현재 상태를 그저 유지만 하려고만 합니다. 물론 이는 회사의 제도나 문화가 성공에 대한 보상reward보다 실패에 대한 처벌penalty이 클 때 나타나는 현상이므로 개인의 문제인지 회사의 문제인지는 검토해봐야겠지요.

무난한 리더는 기회가 있을 때조차도 수동적인 자세를 취하는 '복지부동' 스타일이라서 점진적으로 조직을 약하게 만듭니다. 수비만 하고 있으니 승자가 될 수 없는 것은 당연합니다. 그들은 시황이 좋아 실적이 좋으면 자신이 좋은 경영을 했다고 착각하는 사람들입니다. 이런 리더 밑에서는 부하들의 실력을 향상시킬 여지가 조금도 없습니다. 도전적인 업무를 하지 않으니 새로운 경험을 할 기회가 없는 셈입니다.

훌륭한 리더, 위대한 리더

훌륭한 리더나 위대한 리더는 미래 성장에 필요한 조치도 잘하고 실적도 좋은 사람들입니다. 자신의 시간을 미래를 위한 생각과 공부에 투자하면서 조직의 비전을 설정하고 그에 필요한 인프라도 구축합니다. 권한 위임을 통해 미래 발전에 필요한 인재도 육성하며 지속 성장을 위한 조직 문화도 만들어갑니다.

이런 리더들은 조직 내에서 소통도 잘하고 서로 협력하며 자발적으로 열심히 일합니다. 위대한 리더와 훌륭한 리더의 차이라면, 조직의 미래에 대한 준비가 얼마만큼 잘되어 있느냐의 차이라고 생각합니다. 훌륭한 리더가 당대에 존경을 받는다면 위대한 리더는 다음 세대에도 계속해서 존경을 받는 것이지요.

위와 같은 기준에서 여러분은 그리고 부하들은 어느 유형으로 분류될 수 있습니까? 이처럼 리더들은 부하들을 잘 관찰하여 어떤 유형인가를 판단하고 적절한 조치를 취해야 합니다. 마지막으로 덧붙이면,《초격차》에서 설명했던 4R(휴식Refresh, 재교육Repair, 임무 교체Replace, 제거Remove) 외에 재훈련Retraining도 포함시키는 것이 좋습니다.

모든 판단 기준을 미래에 맞춰라
최고 책임자의 조건

조직에서 최고 책임자가 선발되는 방법은 여러 가지가 있습니다. 왕처럼 세습되기도 하고 정치가는 선거로 결정되며 기업의 경영자는 이사회나 오너(창업자 혹은 후계자)가 결정하기도 합니다. 흥미로운 사실은 어떤 방법으로 선발되었든 간에 역사상 수많은 왕과 정치가가 있었지만 존경받고 탁월한 성과를 낸 인물들은 극소수였다는 것입니다. 조선의 왕이나 미국의 역대 대통령만 보아도 대단한 업적을 이룬 인물은 그리 많지 않습니다.

세계 각국의 수많은 기업도 마찬가지입니다. 당대 최고의 교육과 훈련을 받은 사람들이 최고 경영자로 선발될 텐데 왜 기대에 미치지 못할까요? 수많은 경영학 교과서에서 승계자 교육 및 선발의 전형으로 언급되던 제너럴일렉트릭GE의 쇠퇴를 어떻게 설명할 수 있을까요?

왜 새로운 리더는 성과를 못 내는가?

이와 같은 사례를 보면서 '기업의 최고 경영자를 어떻게 선발하는 것이 좋을까?'라는 생각을 하게 되었습니다. 해외 기업을 보면 최고 경영자가 물러나면서 후임자를 찾는다며 갖은 소란을 피우며 뽑아도 좋은 성과를 내는 사람은 그리 많지 않았습니다. 전 회사에서 '경영의 신'이라고 여겨졌던 사람이 새 회사에 부임해서는 실적이 변변치 못한 경우도 많습니다. 물론 좋은 성과를 내는 사람들도 있지만, 이처럼 기대에 못 미치거나 실패하는 경우가 더 많은 것을 어떻게 설명할 수 있을까요? 선발하는 사람이나 단체의 판단 부족으로 잘못된 선택을 한 것일까요? 선발 과정이나 기준이 잘못된 것일까요? 아니면 선발된 사람이 기대에 부응하지 못한 경영을 한 것일까요?

우리나라에서 국영 기업을 제외한 기업 대부분은 창업자 혹은 가업 승계자(편의상 앞으로는 '오너'라고 지칭하겠습니다.)가 실질적으로 사장이나 최고 경영자를 결정하는 경우가 많습니다. 우리나라 기업들에서 임원이나 사장을 뽑는 과정을 보면, 일하는 사람 중에서 누가 지금까지 일을 가장 잘해왔는지를 중요한 판단 기준으로 삼고 있습니다. 한마디로 '지금'까지 잘해왔으면 자연스럽게 뽑히는 것입니다. 미래 가능성이 아니라 과거의 퍼포먼스와 업적이 중요한 평가 기준이 됩니다. 물론 그동안 쌓아온 실적인 경험적 데이터를 기준으로 사람을 뽑는 것을 완전히 잘못됐다고 할 수는 없을 것입니다. 게다가 지금까지 우리나라에서는 이런 방식이 꽤 잘 먹히기도 했지요.

그러나 산업 환경이 급속히 변화하는 최근 상황에서는 과거의 실적만으로는 미래의 성공을 보장하지 못하게 되었습니다. 수학을 잘해서 수학 시험으로만 평가를 받았던 학생이 새로운 제도로 인해 갑자기 영어 시험으로 평가를 받게 된다면 좋은 성적을 낼 수가 없을 것입니다. 인재 선발 기준과 실제 상황 간에 미스 매치miss match가 생기기 시작한 것입니다. 단지 운에 맡기기에는 너무나 위험한 상황이 된 것이지요. 따라서 과거에 보여주었던 능력도 중요하지만, 미래에 얼마나 대응할 수 있느냐가 중요한 판단 기준이 될 수밖에 없는 셈입니다.

미국에서 많이 활용되는 방법에도 문제가 있는 것 같습니다. 앞서 언급한 것처럼 후임자를 선발하기 위해 발굴 위원회search committee가 만들어지고, 여러 경로로 후보자를 추천받고, 이사회와 회사 내 이해 관계자들과의 인터뷰를 거쳐 가장 적합하다고 생각되는 인물로 최종 발표를 하곤 합니다. 대단히 유명한 분들이 선발되는데도 명성에 걸맞은 성과를 내지 못하는 걸 보면 그런 방법도 썩 유효하지 않은 것 같습니다.

왜 그럴까요? 발굴 위원회 위원들이 미래 지향적이지 않거나 선발 기준이 과거 혹은 현재 성과에 맞춰져 있기 때문이라고 생각합니다. 선택된 사람이 미래에 성장하는 데 적합한 인물인지 판단해야 합니다. 그럼에도 불구하고 대부분은 과거에 잘했다면 미래에도 잘할 것이라고 착각합니다. 고등학교 때 성적이 좋았다면 대학원 때도 잘할 것이라고 생각하곤 하지만 꼭 그렇지 않은 경우도 많습니다. 요즘과 같이 급변하는 시절에는 다른 면을 보고 최고 경영자를 선발해야 합니다.

현재 기준이 아니라 미래 기준

임명권자가 객관적이고 인재를 보는 안목이 뛰어나다고 하더라도 개인이 어떤 사람을 평가할 때는 선입관이나 편견에 영향을 받을 수밖에 없습니다. 인간의 한계입니다. 새로운 최고 경영자는 오너의 취향에 따라 정해지는 경우가 많기에 오너와 다른 생각을 가진 인물이 선발될 가능성은 지극히 낮습니다. 게다가 현재나 미래 사업을 고려한다면 과거의 실적만으로 판단하는 것에 오류가 있을 수밖에 없겠지요.

그런 면에서 조직의 장을 선발하는 데 가장 성공적이라고 여겨지는 모델은 미국 명문대의 총장 선발 방법이라고 생각합니다. 우선 발굴 위원회의 구성원은 이사회, 교수, 동문, 학생, 유력 인사들로 구성하고 학교의 미래가 지향해야 할 방향을 설정한 후 그 방향으로 잘 이끌 수 있는 후보자군 중에서 선정합니다. 제가 보기에 미국 명문 대학교 총장들의 업적을 보면 정말 잘 뽑는다는 생각이 들곤 합니다. 학교는 학교의 '미래'에 주안점을 두지만 기업은 '현재'에 주안점을 두고 있기에 성공 확률이 낮은 것은 아닐까요?

발굴 위원회 구성원의 면면을 보면 좋은 사람을 선발하는 것이 예측 가능할지도 모릅니다. 유망한 야구 감독을 뽑는데 선발 위원 대부분이 축구 선수 출신이라면 이상하지 않겠습니까? 발굴 위원회 자체가 조직의 미래를 설정하고 그것을 제대로 수행할 수 있는 인물을 추천해야 합니다. 그곳이 대학이라면 후보자 중에서 가장 의미 있는 방법을 제시하는 인물을 총장으로 선발하겠지요.

회사도 창업자나 혹은 스태프들에 의한 과거 실적 기반의 선택보다 최고 경영자 발굴 위원회를 구성하고 그동안의 성과 외에도 조직원의 평판, 미래에 대응할 능력이 있는지 종합적으로 판단하는 것이 좋다고 생각합니다.

이런 과정들은 워낙 시간도 오래 걸리고 강도 높은 고민이 지속되어야 하기에 예습하듯이 미리미리 준비하는 것이 좋습니다. 자식을 키우는 부모가 미리미리 자식이 좋은 사람이 되도록 노력하듯이 회사는 좋은 리더를 육성하고 선발하는 노력을 소홀히 해서는 안 되는 것입니다.

최고 책임자의 선발 기준은 다음 글에서 자세히 설명하겠습니다.

Q 최고 책임자를 선택할 때 무엇을 보아야 할까요?

조직이 천 냥이면 리더는 구백 냥

최고 책임자 선발 기준

"**몸**이 천 냥이면 눈은 구백 냥이다."라는 속담이 있습니다. 우리 몸에서 눈의 역할이 매우 중요하다는 것을 강조한 말이지요. 이 말을 바꿔서 "조직이 천 냥이면 리더는 구백 냥이다."라고 말할 수 있습니다. 더욱이 조직의 최고 책임자, 회사의 최고 경영자는 더욱 그렇습니다. 아무리 많은 자산과 좋은 인재가 있는 조직이라도 변변하지 못한 리더가 맡게 되면 단기간에 몰락하는 경우를 자주 볼 수 있습니다. 반대로 상황이 어렵더라도 리더가 뛰어나면 조직을 회생시킬 수 있습니다.

진정한 리더만이 급변하고 불확실성이 커지는 상황에서도 생존하고 성장할 수 있는 조직을 만듭니다. 역사를 되돌아봐도 국민의 문제로 나라가 망한 예는 없습니다. 능력 없는 리더 때문에 국가도 기업도 조직도 망합니다. 그래서 '어떤 사람이 경영을 맡느냐', '어떤 사람을 키우느냐'가 정말 중요합니다. 조직의 최고 책임자를 제대로 뽑는 것이 무엇보다 중요한 이유입니다.

능력과 그릇을 키우는 법

인물을 평가할 때는 기본적으로 2가지를 봐야 합니다. 능력ca-pability과 그릇capacity입니다. 여기서 능력은 지식의 영역이고 그릇은 지혜의 영역이라고 말할 수 있습니다. 무엇이 더 중요할까요? 2가지 모두 중요합니다. 현장에서 일하는 실무자급이라면 능력만으로 충분할 수도 있습니다. 그러나 직위나 직책이 높은 리더급은 능력도 있어야 하지만 그릇이 커야 합니다.

그렇다면 어떤 사람이 그릇이 큰지 어떻게 알 수 있을까요? 그릇은 지혜의 영역이라 측정하거나 금방 알아볼 수 없는 어려움은 있지만, 자세히 살펴보면 쉽게 파악할 수도 있습니다.

그릇이 작은 사람은 자기가 편애하는 사람만 쓰고, 자기 이야기만 하며, 다른 사람의 의견은 무시하는 편협성과 자기 이익만을 우선시하는 이기심을 갖고 있습니다. 그 밖에도 자신이 제일 많이 안다고 자만하거나 혹은 제일 많이 알아야 한다는 착각을 하고, 무소불위無所不爲의 권력을 행사합니다. 이는《초격차》에서 언급했던 리더의 3가지 덕목, 즉 진솔함, 겸손, 무사욕이 취약한 사람들입니다. 반면에 그릇이 큰 사람은 3가지 덕목을 두루 갖추었을 뿐만 아니라 개방적이고 진취적이며 포용성이 있습니다.

중국 고사에 나오는 유방과 항우가 좋은 사례입니다. 명문가의 자제로 출중한 능력을 갖춘 항우가 별 볼 일 없던 유방에게 천하의 자리를 내준 이유는 그릇의 차이 때문이었습니다. 국가나 회사나 그릇이 작은 사람이 장長이 되었을 때 발생하는 문제점을 여러분은 잘 알고 계실 겁니다. 그릇이 작은 사람은 자신과 과거와 현재의 일에만 몰두하지만, 그릇이 큰 사람은 조직 전체와 미래를 내다봅니다.

저는 기업의 경영자에게 가장 중요한 책무를 생존과 성장이라고 말씀드린 바 있습니다. 리더가 능력이 부족하면 생존에 문제가 있고, 그릇이 작으면 성장에 한계가 있으며 많은 병폐를 남기면서 미래를 망칩니다. 따라서 능력은 생존을 위해서, 그릇은 성장을 위해서 갖추어야 할 필수 조건이라 할 수 있을 것입니다.

- 생존하기 위한 **능력**
- 성장하기 위한 **그릇**

능력을 키우려면 기본적으로 지식이 필요합니다. 우리나라처럼 경영자들이 다양한 지식에 목말라 하는 나라도 많지 않을 것입니다. 지식을 추구하는 것은 좋지만 과도한 면도 없지 않아 보입니다. 어쩌면 우리는 지식만 있으면 모든 것을 잘할 수 있을 것이라는 착각 때문에 너무 많은 시간을 지식 축적에 낭비하는 것은 아닐까요?

중고생들은 명문대에 가려고 점수만 높게 받는 공부에 매진하고, 청년들은 대학을 졸업하면 해외 유학도 가고 심지어 MBA까지 받습니다. 리더들도 마찬가지입니다. 우리나라에는 기업의 경영자를 위한 다양한 인문학 강연회와 세미나가 엄청나게 많습니다. 경영자들은 최신 정보를 얻고 동서고금의 지혜를 습득하려고 바쁜 일정에도 이런 모임에 열심히 참석합니다.

이처럼 지식 축적의 관점에서 보면 능력은 대단한데 왜 큰 업적을 내지 못할까요? 왜 성공하는 회사는 그렇게 많지 않을까요? 저는 그 이유가 지혜를 키우는 노력이 지식을 쌓으려는 노력에 비해 상대적으로 부족하기 때문이라고 생각합니다. 요즘 지식이 많은 사람은 넘쳐나지만 지혜로운 사람은 그다지 많아 보이지 않습니다. 강사들이 정리해준 지식만 축적할 뿐 그 지식의 본질을 확실히 이해하여 경영에 활용할 수 있는 지혜로 바꾸지 못하기 때문입니다.

지식은 배움과 기억만으로 축적될지 모르지만, 지혜는 스스로 생각하고 성찰하여 자신만의 철학을 구축해야 얻을 수 있습니다. 즉 시간이 걸리고 경험이 필요한 것입니다. 그러나 많은 경영자들이 현재의 일에, 지금 당장 해결해야 하는 일에 시간 대부분을 쏟기 때문에 미래를 고민하고 생각할 여유를 갖지 못하고 있습니다. 그릇을 키우는 것은 기본적으로 본성이 좋아야 하지만 경험, 즉 시간이 걸리는 일이기도 합니다. 지식은 속성으로 얻을 수 있으나 지혜는 속성으로 얻을 수 있는 것이 아니기 때문입니다.

누구를 어떤 기준으로 뽑을 것인가

다음은 조직의 최고 경영자를 선택할 때 저 나름대로 세워놓은 두 가지 기준입니다.

1. 단선 경험 지양
최고의 위치에 오르기 전까지 한 가지 업무만 해온 사람은 가능하면 피하라고 권하고 싶습니다. 물론 잘할 수도 있겠지만, 대체로 그런 사람은 경험의 한계로 인해 편협하고 독단적일 가능성이 큽니다.

한 분야에만 있었다는 것은 토너먼트 경기에서 우승한 것과 같습니다. 토너먼트에서 최종 승자가 되려면 단 한 번의 패배도 없어야 하는 것처럼 그 또한 성장하는 과정에서 실수와 실패가 없었던 사람입니다. 그런 사람은 실패에 대한 두려움 때문에 새로운 시도를 못 할 뿐 아니라 부하들의 사소한 실수도 용납하지 못합니다. 이는 스타플레이어가 항상 훌륭한 감독이 되지 못하는 것과 일맥상통합니다. 그들은 실패해서는 안 된다는 강박에 빠져 많은 회의, 보고, 검토를 요구하고 지시합니다. 전형적인 '마이크로 매니지먼트'를 합니다. 이처럼 불필요한 일까지 간섭한다면 최고 경영자로서 자질이 부족한 것입니다.

너무 많은 일에 간섭하다 보면 부서 간에 내리는 지시 때문에 논쟁이 생기는 일도 많아집니다. 부서별로는 좋은 지시인 것 같지만 정작 회사 전체로는 나쁜 결과가 나올 수도 있는 것이지요. 즉 '부분 최적화'는 되었을지 몰라도 '전체 최적화'가 안 된 것입니다. 그들은 각각의 일이 잘되면 전체가 잘될 거라는 착각을 하곤 합니다. 하지만 이런 경우에는 보통 부서 간의 갈등만 늘어나고 자기 부서의 편의만을 생각하는 부서 이기주의가 만연하는 결과를 낳을 것입니다.

많은 경영자들은 여전히 학벌 좋고 스펙 좋고 실수가 적었던 사람을 적임자라고 착각하곤 합니다. 만일 외부에서 누군가를 낙점했다면 그가 어떤 환경에서 자라왔는지, 어떤 본성을 가진 사람이라고 짐작되는지를 유심히 살펴보아야 합니다('본성과 훈련'에 관련된 이야기는《초격차》에서도 강조한 바 있습니다). 반면에 조직 내부에서 그런 사람을 염두에 두고 있다면 얼마나 프로젝트를 많이 맡아보았는가가 유력한 판단 기준이 될 수 있습니다.

가령 신규 사업부나 적자 사업부를 맡아본 사람은 끊임없이 시행착오를 경험했을 테고, 그 과정에서 다양한 노하우를 쌓았을 가능성이 큽니다. 실수는 가장 훌륭한 스승입니다. 실수하지 않은 사람은 누군가가 가르쳐준 것을 충실히 수행했을 뿐 배운 것은 없습니다. 경영자들은 하루아침에 적임자가 나타나기를 기대해서는 안 됩니다. 인성을 잘 갖춘 사람이 있다면 그들에게 신규 사업이나 적자 사업부를 맡겨서 미리미리 트레이닝을 시켜야 합니다. 이렇게 해서 자기 실력을 키우도록 도와주는 것이지요.

2. 내부 지향성 지양

자기 분야의 지식만 많고 스스로 똑똑하다고 생각하는 사람들은 내부 지향적입니다. 동네 골목대장을 연상하면 됩니다. 부하에게 엄한 상사이지만, 상사에게는 꼼짝 못 하는 사람입니다. 직원들과도 제대로 소통하지 못합니다. 내외부에서 조언을 해주는 사람도 없이 자기 회사에서 독불장군이 된 셈입니다. 이런 유형은 앞서 말한 최악의 혹은 무능한 리더의 양상을 그대로 보입니다. 부하의 시간 관리는 해주지 않고 모든 것을 자기 기준으로 하는 사람입니다.

시도 때도 없이 지시를 남발하는지, 강압적인 분위기로 일하는지, 회의를 많이 하고 회의 시간이 길었는지, 부하들에게 과도하게 일을 많이 시켰는지, 의전을 중요하게 여겼는지 등등을 눈여겨봐야 어떻게 일하는 사람인지 정확하게 알 수 있습니다. 이런 기준들이 그 사람의 인성을 파악하기 위한 가늠자가 되어줄 것입니다.

《초격차》에서 저는 "리더는 뇌와 같이 일해야 한다."라는 비유를 들었습니다. 뇌가 몸에서 가장 중요한 역할을 하듯이 리더는 조직에서 가장 중요한 역할을 합니다. 또 다른 비유를 들어보겠습니다. 뇌는 우리 몸의 어떤 장기에도 지시를 하지 않고 스스로 일하게 합니다. 물론 장기로부터 피드백을 받으면 조치를 취할 신호를 보내기는 합니다. 그러나 뇌가 하는 가장 중요한 일은 외부에서 들어오는 인풋을 처리하는 것입니다. 눈과 코와 귀, 피부 등에서 얻은 정보를 이용해 분석하고 필요한 행동을 하는 것이지요. 즉 뇌는 항상 외부에 신경을 많이 씁니다. 뇌와 같이 가장 중요한 역할을 하는 리더, 특히 최고 경영자는 외부 지향적으로 사고하고 행동해야 합니다. 내부만 관리하는 사람이 되어서는 안 되는 것입니다.

마지막으로 여러 조건을 충족해서 새로운 리더가 되어도 한자리에 너무 오래 있게 해서는 안 된다는 것이 제 생각입니다. 새로운 변화의 물결이 끊임없이 산업을 변화시키는 사회에서는 제아무리 성과가 좋다 하더라도 10년 이상씩 한자리에 머무르는 것은 바람직하지 않습니다. 타성에 젖어 변화에 둔감해지기 때문입니다. 권불십년權不+年, 화무십일홍花無+日紅의 의미가 조직에도 적용된다고 보면 됩니다.

"오랫동안 지배하면 잘못된 길로 갈 수도 있다Long Reign may lead to Wrong Lane"는 점을 명심하기 바랍니다. 그 사람이 정말 유능하다면 또 다른 사업으로 재배치해서 더욱 성장할 수 있게 도와주어야 합니다.

두려움의 감옥에 갇힌 리더
경영자의 유형별 취약점

기업의 최고 경영자는 3가지 그룹으로 나누어볼 수 있습니다. 창업자, 후계자(창업자의 가족), 그리고 전문 경영인입니다. 물론 복합된 형태로 운영되지만, 한마디로 주요 사항에 대한 최종 결정권자를 말합니다. 미국의 전통적 산업에는 창업자의 후손들이 직접 경영하는 회사도 있지만 대부분 전문 경영인 체제가 많은 편입니다. 최근 급격히 성장하고 있는 신규 사업인 플랫폼, 소프트웨어, IT, 바이오 등의 분야에는 창업자가 많습니다. 반면에 우리나라는 국영 혹은 공영 기업을 제외하면 거의 창업자 또는 그 후손들이 직접 경영에 참여하거나 전문 경영인들과 함께 간접적으로 관여하는 경우가 많습니다. 각각의 기업들을 관찰해보면 어떤 기업은 잘되는데 어떤 기업은 쇠퇴하는 것을 보면서 '무엇이 그런 차이를 만들까?'라는 의문을 품게 되었습니다.

혼자서 '북 치고 장구 치는' 경영자

창업자들은 굉장히 공격적이고 진취적인 사람들입니다. 작은 아이디어와 열정으로 치열한 전장에서 살아남은 사람들입니다. 세계 기업사에 큰 발자취를 남긴 사람들은 대부분 창업자입니다. 철강왕 카네기, 석유왕 록펠러, 자동차의 대중화를 이끈 포드, 마이크로소프트의 게이츠, 애플의 잡스, 아마존의 베조스 등 모두 해당 분야의 전설입니다. 국내에서도 삼성의 이병철, 현대의 정주영 등 창업자들이 이룩한 성과를 보면 현재 우리나라의 주력 산업을 만든 인물입니다.

그들의 일대기를 살펴보면 보통 사람이 생각할 수 없는 도전과 실행으로 점철되어 있습니다. 꼭 대기업이 아니더라도 우리나라 중견 기업 창업자들을 보면 진취적인 기업가 정신의 흔적을 여전히 엿볼 수 있습니다. 자신들이 이뤄온 일에 상당한 자부심도 느끼고 있지요. 충분히 그럴 자격이 있다고 생각합니다. 이러한 자부심으로 새로운 시대에 걸맞은 방법으로 도전을 계속하면서 성공하는 사람들도 많습니다.

그러나 지난 20여 년 동안 우리나라에서 중소·중견 기업이 대기업으로 성장한 기업은 거의 없습니다. 왜 그럴까요? 갑자기 창업자들에게서 기업가 정신이 사라진 것일까요? 그렇지 않습니다. 우리나라에 존재하는 많은 사회적·법적 제약 탓과 더불어 창업자의 잘못된 운영 방식 때문에 더 성장할 수 있는 기회를 놓치고 있지 않나 생각합니다. 지금까지 이룩한 성공의 크기에 비례해서 독단적 성향도 커지고, 안타깝게도 자신의 프레임에서 벗어나지 않으려 한다는 것이지요.

그들은 새로운 도전을 할 때도 종종 있지만 독단적 성향으로 인해 실패하는 경우를 자주 보게 됩니다. 그동안의 성공에 자만하며 다른 사람의 의견을 듣지 않고 자기의 방식과 생각으로 무작정 실행하기 때문입니다. 산업화 시대의 성공 모델이 4차 산업혁명 시대에도 작동할 것이라는 생각에서 벗어나지 못하는 것입니다. 아무리 훌륭한 감독이라도 같은 작전으로 계속 우승을 할 수 없는 것과 같은 이치입니다. 새로운 시대, 새로운 환경에 맞는 경영 방법을 찾아야 합니다.

어떤 사람은 잘못하다가 자신이 성공한 것을 잃어버릴까 두려워 수성守成 모드로 들어갑니다. 방어적 태도를 유지하기 시작하면 리더 대부분은 혼자서 북 치고 장구 치고 하면서 고집불통이되기 마련입니다. 다른 사람의 의견이나 조언에도 "내가 다 해봤는데 그건 안 돼."라며 듣지 않는 것입니다. 이처럼 리더가 자신의 프레임에서 벗어나지 못하면 기업의 다음 수순은 쇠퇴하거나 근근이 유지하는 정도가 될 수밖에 없습니다. 그런 리더들이 이끄는 기업에서 성장은 기대조차 할 수 없겠지요. 더 성장할 수 있는 기회를 창업자의 독단과 방어적인 운영으로 놓치는 경우가 있습니다.

창업자의 프레임에 갇힌 후계자

두 번째는 후계자 그룹입니다. 창업 2세 또는 후계자들은 태생적으로 피드백 부족이라는 핸디캡을 갖고 있으며 두 개의 큰 장애물을 넘어야 합니다. 대기업을 포함해 웬만한 중견 기업 창업자의 자제들은 해외 유학을 다녀오거나 유명 대학에서 MBA를 안 받은 사람이 없을 정도입니다. 지식의 양으로만 보면 대부분 창업자를 넘어섭니다. 그런데 막상 창업자가 운영하던 기업에 참여해서 뭔가를 해보려고 하면 "쓸데없는 거 하지 말고 있는 거나 잘 관리해!"라는 말이 즉각 날아옵니다. 창업자가 구축해놓은 시스템과 사업 형태에서 벗어나지 못하게 하는 것입니다. 좋은 의미에서 보면 실패를 방지할 수 있을지 모르나 후계자의 실력이 향상되지 않을 것은 분명합니다. 그저 관리자로 성장하게 될 뿐이지요. 제가 만난 많은 후계자들에게서도 "제발 창업자인 부친을 설득해달라"는 얘기를 많이 들었습니다. 이처럼 하고 싶은 일을 소신껏 할 수 없는 것이 첫 번째 장애물입니다.

특히 재벌 기업이나 중견 기업의 후계자는 새로운 것을 시도했다가 성공하지 못하면 사회적으로도 '창업자보다 못한 경영자'라는 낙인이 찍힌다는 문제에 부딪힙니다. 즉 사회적 시선을 두 번째 장애물이라 할 수 있을 것입니다. 그런 연유로 후계자들은 자연히 방어적 태도를 보일 수밖에 없습니다. 회사의 역동성이 떨어지는 것이지요.

여러 기업의 창업자나 후계자들과 대화를 나눠보면 실패에 대한 두려움이 여전히 너무 크다는 느낌이 들곤 했습니다. 중견 기업인들을 만나보면 어렵게 창업해서 회사를 키워온 데 대한 자부심도 대단하고, 브랜드에 대한 신념도 강하다는 것을 자주 느낍니다. 그분들에게는 오랜 세월 동안 성공의 노하우가 축적되어 있으며 앞으로도 이런 경험이 회사 성장의 자양분이 되리라고 기대합니다. 하지만 이런 기업을 이어갈 다음 세대의 경영자들, 특히 후계자들은 아버지의 강한 신념에 가로막혀서 또는 선대에 이뤄놓은 것을 잃을까 봐 두려워서 이러지도 못하고 저러지도 못하는 모습을 많이 보았습니다.

제가 후계자들에게 해준 조언은, 미래에 가업을 책임져야 할 것이 예상된다면 항상 앞으로 어떤 변화가 올지 미리 준비하고 계획을 세워야 한다는 것이었습니다. 예습이 중요합니다. 그래야만 자신에게 권한이 생겼을 때 주저하지 않고 즉시 실행할 수 있습니다. 준비가 되어 있지 않은 상태에서 그때가 되어서야 부랴부랴 무언가를 추진하려 하면 경영권을 물려주는 사람은 물론 조직 구성원들에게도 신뢰와 동의를 구하기가 어려워집니다.

창업자는 기업을 시작하고 성장시키는 동안 온갖 어려움과 고객을 비롯한 외부인들로부터 많은 피드백을 받습니다. 그러한 경험이 축적된 나름의 '내공'이 있지요. 반면에 후계자는 회사에 들어가면 직위에 상관없이 시작부터 실질적인 2인자가 됩니다. 대리로 실무를 시작했더라도 그냥 대리가 아니라 '부회장급 대리'인 셈입니다. 결국 후계자는 창업자가 추구했던 프레임에 맞추어 일하게 되고, 또 그것이 정상이라는 생각에 빠져듭니다.

후계자는 창업자의 스타일로 철저하게 굳어진 시스템만을 보며 자랐습니다. 그에 따라 어떤 사람이 일을 잘하는지, 어떤 결과가 나오는지도 배워왔습니다. 상사에게 야단을 맞거나, 남에게 견제를 받거나, 피드백을 받아본 경험도 부족한 상태에서 창업자의 프레임에 동일하게 갇히고 맙니다.

'필사즉생'할 것인가, '필생즉사'할 것인가

마지막 그룹인 전문 경영인은 밑바닥부터 차근차근 올라왔더라도 CEO가 되는 순간 스위치를 '안전 모드'로 돌리는 경향이 많음을 꽤 보았습니다. '위험해 보이는 도전을 안 하고 큰 과오만 없으면 3~4년은 사장직을 유지할 수 있겠지.'라는 태도로 바뀌는 것입니다.

마음만 먹으면 할 수 있는 것들이 많이 있는데도 전문 경영인 대다수는 어느 시점에 수성 모드로 들어가기 때문에 결국 살아남지 못합니다. '필사즉생必死則生'이 아닌 '필생즉사必生則死'가 되는 것이지요. 여기에 오너 혹은 임명 기관의 시시콜콜한 간섭마저 더해진다면 회사의 성장은 더 이상 기대할 수 없게 됩니다. 성장이 둔화되고 불황이 지속되면 누구라도 새로운 도전을 하기가 두려워지고 작은 사안에도 쉽게 위축되기 마련입니다. 이런 상황에서 오늘날 경영자들은 어떻게든 변신해야 한다는 것을 알면서도 쉽게 변화를 추구하지 못하고 있습니다.

지금까지 살펴본 것처럼 기업이 일정 궤도에 올라 있는 경우 많은 창업자, 후계자, 전문 경영인들은 소극적인 자세로 돌변해 버리곤 합니다. 또한 자신의 현재 상황만을 수성하려다 보니 직원들의 의견에도 귀 기울이지 않게 되고 맙니다. 점점 더 독단적인 모습을 보이다 보니 일부러 찾아와 사실을 얘기해주는 사람도 없어지게 됩니다. "조직의 장이 되면 외로워진다."라고 말하곤 하는데, 최고 경영자들은 그 이유가 자기 자신에게 있지는 않은지 스스로 점검해보아야 할 것입니다.

어떤 경영자는 부하 직원들이 자신을 잘 찾아오지도 않고 의견을 솔직하게 얘기하지도 않는 것 같다면서 외롭다고 한숨을 쉬더군요. 저는 사람들이 찾아오지 않게 된 이유가 무엇인지 먼저 생각해보라고 대답해주었습니다. 혹시 기존에 해왔던 방식에 너무나 익숙해져서 변화를 거부해온 것은 아닌지, 변화가 필요하다는 다른 사람들의 목소리를 일부러 듣지 않으려고 한 것은 아닌지 말입니다.

많은 사람들이 경영자가 되는 순간 방어 태세를 취합니다. 두려움에 사로잡혀서 '내가 굳이 이렇게까지 해야 할 이유가 있나?' '뭐라도 잘못돼서 다 망치면 어떡하지?'라고 생각하는 것입니다. 하지만 두려움 때문에 몸을 사리는 것이 언제까지 가능할까요?

그런 기업은 아무리 길게 잡아도 3년 이상은 못 갑니다.

이처럼 어느 조직이라도 정점에 다다르면 다다를수록 내부에서 피드백을 받을 기회가 급격히 사라진다고 보면 됩니다. 최고 위층에서 부단한 노력을 하더라도 부하 직원 입장에서 지속적으로 반대 의견을 내기는 심리상 쉽지 않습니다. 아무런 반대도, 좋은 대안도 없이 최고 경영자의 개인적 판단만으로 모든 사안이 결정됩니다. 이는 브레이크 없이 액셀만 있는 자동차와 똑같습니다. 잘 굴러갈 때는 거침이 없지만, 브레이크 없이는 사고를 피할 수 없는 것처럼 몰락을 재촉할 것입니다. 인체에서 각 장기들의 피드백이 없으면 사망에 이르는 것과 같습니다.

멘토 또는 조언자의 역할에 대하여

생명체가 위대한 이유는 피드백 시스템이 있기 때문입니다. 피드백이 없으면 자기를 조정할 능력을 상실해 죽음에 이를 수밖에 없습니다. 고통을 느끼지 못하면 좋을 것 같지만 살 수 없지요.

어떤 유형의 리더라도 내부에서 조언이나 충고를 받기는 무척 어렵습니다. 상사나 오너에게 직언하기가 쉽지 않은 문화 때문입니다. 그래서 진정한 조언을 해줄 수 있는 외부 멘토가 필요합니다. 제가 바쁜 리더들에게 강조하는 것은 '검증과 조정check and balance'입니다. 이것은 정치에서 말하는 견제와 균형과도 다릅니다. 쉽게 말하면, 자기 자신에 대한 검증과 조정을 가능하게 해주는 멘토나 조언자를 두라는 것입니다.

이때는 자신의 비즈니스와 이해관계가 없는 사람이 좋습니다. 자신의 업무와 이해관계가 있는 사람에게서는 잘못된 피드백을 받아야 하는 일이 생길 수도 있기 때문이지요. 반면에 이해관계가 없는 사람은 정답을 알려줄 수는 없겠지만, 최소한 다른 방식으로 생각할 수 있는 여지를 줄 수는 있습니다. 말하자면 액셀만 있는 생각에 브레이크를 달아주는 것이고, 생각할 공간room을 만들어줄 수 있다는 것입니다. 특히 창업자 외에 어느 누구에게도 피드백을 받아보지 못한 후계자들은 꼭 개인적으로 만날 수 있는 멘토를 구해야 한다고 강조하고 싶습니다.

젊은 창업자들과 만나서 이야기를 들어보면 우리나라에 경영 멘토 프로그램, 후계자들을 위한 교육 프로그램들이 의외로 많다고 합니다. 그런데 그런 교육 프로그램을 경험하고 온 사람들은 대부분 도움도 안 되고 흥미도 떨어진다고 말합니다. 자신들의 상황에 맞는 이야기도 아닐뿐더러 몇십 명씩 앉혀놓고 진행하는 수업이다 보니 교과서에 나오는 이야기에서 더 나아갈 수가 없는 것입니다.

아무리 유명한 강사나 멘토 같은 선배 경영자들이 와서 이야기를 들려줘도 경영자들의 현실과 동떨어져 있는 경우가 많습니다. 멘토 역할을 잘하실 것 같은 분들이 자신의 경험이나 지혜를 들려주는 것만으로 충분하다고 생각하기 때문입니다. 상대방이 듣고 싶은 이야기를 해주는 것이 아니라 자신의 성공 스토리를 자기 위주 형식으로 하다 보니 소위 '꼰대'가 되기 십상입니다.

멘토는 자신의 지식과 지혜와 경험을 단순히 전달만 해서는 충분하지 않습니다. 그것이 미래에 활용될 수 있도록 적절히 변형된 형태로 전달되어야 합니다. 이를 위해서는 자기가 하고 싶은 이야기만 하는 것이 아니라 새로운 기술과 경향 등을 공부하고, 새로운 관점에서 고민한 뒤 조언을 듣기 위해 모인 사람들이 듣고 싶어 하는 이야기를 해주어야 합니다. 항상 공부하고 생각해야 좋은 멘토가 될 수 있습니다.

하지않아도 되는 일은 하지 말라

권한 위임

권한 위임은 많은 사람이 가장 어려워하고 또 쉽게 하지 못하는 것입니다. 어떤 리더는 실력이 없어서 무엇을 위임할지 모르는 경우도 있습니다. 위임하지 않다 보니 직급이 높아질수록 일은 자꾸 쌓입니다. 직접 하지 않으면 불안하기 때문이겠지요. 관리 중심의 사고에서 벗어나지 못하고 있다는 증거입니다. 물론 코앞에 닥친 숫자만 지켜보고 있으면 직접 관리하는 것이 훨씬 마음도 편하고 효율적이라고 느껴질지도 모르겠습니다.

그러나 이처럼 단기short term적 관점으로 일하면 유능한 인재를 키우지 못할 뿐만 아니라 사업이 복잡해질수록 실패할 확률은 점점 커집니다. 장기long term적 관점을 꾸준히 유지하면서 위임의 폭을 늘려가야 합니다. 즉 위임에서 가장 중요한 첫 번째 필요조건은 위임받은 사람이 일의 목적과 방향에 맞게 자신의 생각을 집어넣을 수 있도록 하는 것입니다.

우리나라 대부분의 조직에서 리더나 경영자들은 일일이 지시하면서 위임했다고 생각합니다. 자신이 직접 하지 않으니까 위임했다고 착각하는 것입니다. 부하 직원들에게 권한을 위임했다고 당당하게 말하면서도 왜 그렇게 잠도 못 잘 정도로 바쁜지 한번 생각해볼 필요가 있습니다. 가장 좋은 위임은 목적만 알려주는 것이겠지요. 스스로 목표를 세우고 일을 해나가는 방법까지 만드는 것입니다. 이게 정 안 된다면 목적과 목표를 주고 방법을 생각하도록 하는 것입니다.

처음부터 한꺼번에 위임할 필요는 없다

권한 위임도 연습이 필요합니다. 권한 위임을 한다는 것은 어떤 업무를 맡기는 것입니다. 물론 능력은 있지만 검증이 안 된 상태라 불안하면 단계를 세분화breakdown해서 필요한 부분을 위임하면 됩니다. 업무를 기획해서 마치려면 업무의 목적과 목표, 그리고 방식과 방법 등을 정해야 합니다. 처음부터 다 맡기는 것이 아니라 목적과 목표, 방향은 정하고 그것을 달성하기 위한 방법만 위임하는 것입니다. 실력과 경험이 있다면 방식, 조건, 목표, 목적 등으로 순차적으로 확대해나가면 됩니다.

쉬운 예를 들어보겠습니다. 중요한 기술 개발이 완료되어 참여자를 격려하기 위한 축하 파티를 할 계획이라고 생각해봅시다. 목적은 참여자를 격려하는 것이고 목표는 축하 파티가 됩니다. 회식을 하거나 음악을 들을 기회를 갖는 등의 행사는 방식입니다. 만약 회식을 한다면 한식 또는 중식처럼 메뉴를 선택하는 것이 되겠지요.

가장 작은 위임은 어떤 음식점으로 갈 것인지만 결정시키는 것입니다. 그다음이라면 회식인지, 음악회인지를 결정시키는 것이고, 더 실력이 향상되면 상위의 일로 권한 위임을 시키면 됩니다. 이런 경험이 쌓여 모두 자신의 시간을 절약하면서 가치 있는 일을 할 수 있게 됩니다.

이처럼 경영자들은 일의 프로세스를 쪼개서 위임하는 연습을 할 필요가 있습니다. 처음부터 너무 한꺼번에 위임하려 하지 않고 방법을 세분화해서 위임하는 방식도 추천할 만합니다. 사장의 일이 있고, 사업부장의 일이 있고, 팀장의 일이 있는 것입니다. 그걸 잘 파악해서 내려놓을 줄 아는 지혜가 필요합니다.

많은 리더들이 이렇게 말하곤 했습니다.

"제가 직접 하면 빨리 해결할 수 있는데, 부하 직원들에게 맡기면 시간도 더 걸리고 잘하지도 못할 것 같아 불안합니다. 그래서 제가 직접 하는 것이 훨씬 편합니다."

이런 말을 하는 배경에는 실수에 대한 두려움, 효율성이 떨어지는 것에 대한 두려움, 더 나아가 권한을 위임하는 데서 비롯되는 '상실감'도 한몫하는 것 같습니다. '다 주고 나면 나는 뭘 하지?'라고 생각하는 것입니다. 결국 자기가 하지 않아도 되는 일에 시간을 쏟느라 더 중요한 일을 못 하게 됩니다.

빨리 가려면 혼자 가고, 멀리 가려면 함께 가라

군군신신君君臣臣, 즉 "임금은 임금다워야 하고 신하는 신하다워야 한다."라는 말처럼 부하가 해도 될 일을 상사가 한다면 자신의 가치를 떨어뜨리고 부하들은 경험 부족으로 계속 성장하지 못합니다. 부모가 모든 일을 대신 해주면 자식의 미래를 망치는 것과 같습니다. 아프리카의 한 부족에는 이런 속담이 있습니다. "빨리

가려면 혼자 가고, 멀리 오래 가려면 함께 가라." 이는 권한 위임의 또 다른 표현일지도 모르겠습니다.

권한 위임을 방치 혹은 방임이라고 착각하는 사람들도 많습니다. 그래서 권한 위임을 두려워하고, 위임하더라도 사사건건 간섭하면서 진정한 위임을 못 하는 것입니다. 위임은 과감히 하되, 필요하다면 모니터링을 하면서 약간의 조언을 해주는 것이 좋습니다. 감독은 경기장에서 선수들과 함께 뛰지 않지만 부족하고 보완해야 할 부분이 있으면 그때그때 코칭을 해주어야 합니다. 코칭은 관리나 지시가 아닙니다. 방향을 제대로 잡고 갈 수 있도록 도와주는 것이지요. 리더도 계속 관심을 갖고 모니터링하면서 구성원들의 지혜를 활용할 줄 알아야 합니다. 혼자서 모든 것을 할 수는 없습니다.

권한 위임과 아웃풋의 디테일

권한 위임과 관련하여 제가 자주 받은 질문 중 하나는 "리더는 디테일에 강해야 한다고 하는데, 권한을 위임하면 디테일을 모르게 되는 것 아닙니까?"라는 것이었습니다. 리더가 디테일에 강해야 한다는 말에는 저도 동의합니다. 단, 그것이 어떤 디테일인지가 중요합니다. 좋은 리더는 과정이 아니라 결과물을 잘 분석하는 디테일에 강해야 합니다. 즉 '아웃풋'의 디테일에 강한 것입니다.

인풋 과정에서의 디테일에만 신경을 쓴다면 그것은 과거의 마이크로 매니지먼트와 다를 바가 없습니다. 결과물이 나오면 디테일한 측면에서 피드백을 주어야지 처음부터 방향과 방법에 시시콜콜 개입하는 것은 엄밀하게 얘기해서 디테일에 강한 것도 아니고 권한을 위임하는 방법과도 맞지 않습니다. 처음에는 그 사람의 능력에 맞는 권한을 주고 리더는 좀 더 큰 그림을 봐야 합니다.

생각하는 리더를 위한 조언
업무 정리의 기술

제가 만난 경영자들은 대부분 바쁘다는 말을 입에 달고 살 았습니다. 실제로 많은 경영자들이 시간에 쫓기며 일하고 있었습니다. 어디에 그렇게 많은 시간을 쓰고 있기에 시간이 없 는 것일까요?

예상컨대 실적이나 계획을 보고받는 회의, 문제 현안에 대한 대책 회의, 부서 간 갈등을 조정하는 회의, 가끔 있는 전략 회의, 요일이 정해져 있는 주간 회의, 월간 회의 등등 수많은 회의를 주관하는 데 시간 대부분을 보내고 있을 것입니다.

문제는 이런 회의들의 대부분이 '과거'나 '현재'에 관한 이야기밖에 없다는 것입니다. 과거에 벌여놓은 일들을 정리하고 평가하는 것은 분명히 필요한 일입니다. 그러나 조직의 수장이 그런 회의들에만 매몰되어 있으면 미래에 대해 고민하는 시간은 그만큼 줄어들 수밖에 없습니다. 조직을 어떤 방향으로 가게 해야 할지, 회사가 어떤 새로운 사업에 도전해야 할지 등을 고민하면서 동시에 앞으로 닥칠 수 있는 위험 요소들에 대한 대응책을 마련해놓는 것이 리더가 진짜로 해야 할 일입니다.

우리나라의 경영자들은 많은 시간을 '관리'하는 데 사용하기 때문에 직위가 올라갈수록 사고라도 날까 봐 노심초사하면서 점점 자기 시간을 갖지 못하고 있습니다. 신입사원들은 정시에 퇴근하는데 사장은 일 때문에 잠도 제대로 못 자는 웃지 못할 일이 벌어지는 것입니다.

회사의 운명이 걸린 일에 대해 리더가 직접 고민하면서 새로운 무언가를 만들어내려면 생각할 수 있는 여유 시간이 필요합니다. 누구에게나 하루는 24시간입니다. 경영자라고 해서 하루를 48시간으로 살지는 않지요. 리더는 시간을 절약하고 효율적으로 사용함으로써 가치를 만들어내는 일이나 미래 준비를 하는 데 시간을 할애해야 합니다. 과거에 발생한 실적 분석과 현재 업무를 관리하는 일도 필요하지만, 최고 경영자라면 미래에 더 많은 시간을 쏟아야 합니다.

세계 스포츠 역사상 가장 위대한 선수 1위로 선정된 아이스하키의 전설 웨인 그레츠키는 "나는 퍽이 있는 곳이 아니라, 퍽이 있을 곳으로 간다I skate to where the puck is going to be, not where it has been."라고 말했습니다. 그의 말처럼 리더는 현재(퍽이 있는 곳)에 자기의 시간을 집중할 것이 아니라 미래(퍽이 있을 곳)에 집중해야 합니다. 그래야 진정한 리더가 됩니다.

그렇다면 어떻게 해야 경영자들도 자기만의 시간을 가질 수 있을까요? 어떻게 하면 공부도 하고 생각도 하며 조언을 해줄 누군가를 만날 시간을 가질 수 있을까요? 제가 해왔던 방법을 소개합니다.

- 권한 위임
- 하지 않아도 되는 일을 정리
- 원칙에 근거한 의사 결정 시스템 구축
- 자투리 시간 활용

순차적 권한 위임

시간을 절약하기 위한 첫 번째 방법은 부하들이 알아서 할 수 있다고 생각되는 업무를 방법, 조건, 목표, 목적에 맞게 순차적으로 권한 위임delegation을 하는 것입니다. 권한 위임에 관해서는 앞의 글에서 구체적으로 설명한 바와 같습니다. 빌 게이츠의 '싱크 위크Think Week'처럼은 아니라도 우리나라의 경영자들이 생각할 시간을 더 갖기 위해서는 '내가 하지 않아도 되는 일은 하지 않는다'는 생각으로 일하는 것입니다. 권한을 위임한 상사는 시간을 벌고, 위임받은 부하는 성장할 수 있는 훈련의 기회를 얻을 수 있습니다.

해야 할 일과 하지 않아도 될 일

두 번째로 해야 할 일은 《초격차》에서도 언급했듯이, 가치가 있는 '해야 할 일 목록to-do list'을 제대로 하기 위해서 '하지 않아도 될 일의 목록not-to-do list'을 우선 정하고 실행하는 것입니다. '하지 않아도 될 일'을 하는 것은 시간 낭비이고 배우는 것도 없지만, '해야 할 일'을 하지 않는 것은 미래의 손실이고 경험의 축적도 없습니다.

많은 리더들이 여전히 '마이크로 매니지먼트'를 하는 데 자신의 귀중한 시간을 쓰고 있습니다. 마이크로 매니지먼트, 즉 시시콜콜한 사안들에 일일이 관여하는 리더들은 대개 자신이 모든 사안을 통제하고 결정할 수 있다고 생각합니다. 그렇지만 부서가 늘어나거나 지시하는 일이 많아지면 아무래도 잊어버리거나 번복하는 일이 생기기 마련입니다. 그러면 직원들은 어떻게 반응할까요? 처음과 나중의 지시가 다르고, 뭔가 일이 잘못됐다는 것을 인지하더라도 상사와 부딪히는 것이 싫어서 혹은 혼자 힘으로 해결해보려고 하다가 즉시 보고하지 않아 최악의 상황이 벌어지기도 합니다. 초기에 완치될 수 있는 병을 키우다가 4기, 말기가 되어서 병원을 찾는 꼴이 되는 것입니다.

'하지 않아도 될 일의 목록'은 '업무를 무조건 없애라'는 의미가 아니라 자신이 직접 하지 않아도 되는 일을 분류하는 과정입니다. 즉 어떤 일을 줄일지decrease, 폐기discard 할지, 혹은 위임delegation 할지를 정하는 것이지요.

최고 경영자가 하루 중 가장 많은 시간을 소비하는 일은 회의 주재와 참석일 것입니다. 저도 경험해봤지만 정기 회의를 비롯해 대책 회의, 전략 회의, 문제점 해결 회의 등 정말 수많은 회의가 있습니다. 저는 《초격차》에서 많은 회사와 조직들이 회의를 하면서 얼마나 많은 시간을 낭비하고 있는지 이미 한 차례 말씀드린 바 있습니다. 물론 주간, 월간으로 오랫동안 해오던 정기 회의를 갑자기 없애는 것은 분명 쉬운 일이 아닙니다. 다행스럽게도 제 책을 읽고 나서 쓸데없이 많은 인원이 참석하는 실적 보고 형태의 회의 등을 과감하게 없앴다는 일부 경영자의 경험담을 들을 수 있었습니다. 처음에는 주간 회의를 격주 회의로, 다음에는 월간 회의로 바꾸면서 서서히 줄여나가면 됩니다.

정기 회의에 상정되는 안건을 봐도 그렇습니다. 대부분의 내용이 지난주에 한 것, 현재를 정리한 것입니다. 미래라고 해봐야 기껏 다음 주 계획 정도뿐입니다. 물론 여기에 상사의 질책도 더해지겠지요. 이런 내용을 가지고 1~2시간씩 얘기한다는 것 자체가 말도 안 되는 것입니다. 게다가 회의 준비를 하는 데에도 회의 시간의 수십 배의 시간이 낭비되고 있습니다.

회의가 많을수록 리더가 많은 정보를 갖게 된다는 것은 큰 착각입니다. 특히 각종 회의 문화에 익숙해진 조직은 '아주 잘된 것' 또는 '급박한 상황이라 위험에 처해 있는 것' 정도만 보고하게 됩니다. 그 외에는 다 숨기겠지요.

그러므로 리더가 회의 때 주목해야 하는 것은 이미 나와 있는 숫자들이나 화려한 프레젠테이션이 아니라 직원들의 '비하인드behind 스토리', '리얼real 스토리'여야 합니다.

회의 외에도 리더들이 쓸데없이 시간을 허비하는 경우는 많습니다. 그 대표적인 예로 보고나 미팅, 행사 등을 들 수 있을 것입니다. 특히 회의를 줄이고 났더니 불안해서 회의 때만큼의 보고 자료를 또다시 요청하는 리더가 있습니다. "이럴 거면 차라리 회의하는 게 낫다."라는 직원들의 불만이 터져 나오는 것도 이해할 만합니다. 그 수많은 자료를 검토하는 일이 리더 자신에게나 직원에게나 정말로 가치 있는 일인지 생각해볼 필요가 있습니다.

물론 가치 있는 일에 대한 정의는 사람마다 다르며, 모든 사람이 언제나 가치 있는 일만 한다고 할 수는 없습니다. 예를 들어 청소하는 것이 가치 있다고 생각하는 사람은 직접 집 안 곳곳을 청소하면서 세균이나 먼지로부터 가족들의 건강을 지켰다고 할 수 있고, 또 누군가는 로봇 청소기가 하는 것이 좋겠다고 생각할 수도 있는 것입니다. 다만 그 사람은 같은 시간에 청소가 아니라 다른 가치 있는 일을 찾아서 하겠지요. 중요한 것은 조직에서 무엇이 더 가치 있는 일인지 파악하고 그 방향으로 일관되게 일하는 것입니다.

시간이 비는 것이 불안해서 목적도 방향도 없이 계속 사람을 만나려고 하는 리더도 있습니다. 하루에 몇 건씩 미팅을 잡다 보면 왠지 엄청나게 많이 일한 것 같은 생각이 들기 때문입니다. 혼자서 생각하는 시간을 가져야 하는데 그런 연습이 안 되어 있다 보니 부하 직원들을 불러다가 보고를 받거나 의미 없는 미팅을 잡는 것입니다.

원칙 기반 의사 결정

시간을 절약하는 세 번째 방법은 원칙에 근거한 의사 결정 시스템을 구축하는 것입니다. 스스로 똑똑하다고 생각하는 사람들은 모든 결정을 자신의 개인 능력에 의존해 내립니다. 조직이 복잡해지고 사안이 많아지면 조금씩 서로 차이가 나는 결정을 내리게 되면서 일관성을 잃게 됩니다. 자신은 그렇지 않다고 하지만 받아들이는 사람들은 그렇게 생각하지 않습니다.

가정에는 법이 없어도 문제가 없지만, 국가에는 법이라는 원칙을 정해놓아야 사회가 유지되는 것과 같습니다. 법이 없는 국가가 존재할 수 없듯이 회사도 일하는 원칙을 정해놓으면 갈등이 생겼을 때 해결하는 시간을 줄일 수 있습니다. 이때 원칙과 규칙은 구성원이 판단할 때 합리적이고reasonable, 이해하기 쉬우며understandable, 간단해야simple 합니다. 그래야 쉽게 정착할 수 있습니다. 이와 같은 기준에 따라 의사 결정의 구심점이 되는 근본 원칙이 세워졌다면, 그것은 모두가 따라야 하고 그 누구에게도 예외가 될 수 없는 기준이 되어야 합니다. 물론 최종 결정을 내리는 리더도 마찬가지입니다.

국가의 법을 집행하는 체계에도 최상위법인 헌법이 있고, 다른 하위 법들은 그 헌법의 기본 정신을 따라야 합니다. 조직의 의사 결정 체계도 마찬가지입니다. 최종 판단의 기준이 되는 근본 원칙이 있어야 합니다. 그래야 그때그때 사람과 상황에 따라 의사 결정이 달라지는 우를 범하지 않게 되고, 구성원들 또한 결정에 불만을 품거나 반발할 수 없게 됩니다.

삼성종합기술원의 의사 결정 원칙

《초격차》에서도 잠시 언급한 바 있지만, 여기서 좀 더 구체적으로 저의 경험을 예로 들어보겠습니다. 삼성 그룹에는 종합기술원이라는 조직이 있습니다. 제가 원장으로 취임해서 자세히 들여다보니, 연구를 위한 연구도 진행되고 있었고, 삼성이 생산하는 제품 라인과는 전혀 상관없는 연구도 진행되고 있었습니다. 연구원들도 본질에서 벗어난 연구를 수행하고 있었지만, 본인 스스로 무엇이 잘못되었는지 생각하지 못하는 상태까지 가 있었습니다. 당시 수행 중이던 모든 연구 프로젝트를 전수조사한 뒤 프로젝트를 3분의 1만 남기겠다고 발표하자 예상대로 내부의 우려와 일부 반발이 뒤따랐습니다.

바로 이 단계에서 최종 의사 결정을 위해 반드시 지켜야 하는 기본 원칙이 제시되었던 것입니다. 이런 기본 원칙은 모든 종합기술원 임직원들에게 공개적으로 제시되었고, 모든 구성원이 그 기본 원칙을 공유하도록 했습니다. 최종 의사 결정에 활용된 기본 원칙의 사례를 보여드리고자 좀 더 자세히 그 과정을 소개해 볼까 합니다.

제가 세운 최종 의사 결정의 기본이자 대원칙은 아래와 같습니다. 첫째, 지금 연구하고 있는 주제가 결실을 맺고 구체화되었을 때 삼성 그룹의 어느 특정 회사가 그것을 가지고 사업을 할 수 있는지, 혹은 새로운 분야의 창업이 가능한지 여부입니다.

두 번째 원칙은 종합기술원에서 수행해야 할 연구 프로젝트의 기준을 제시한 것입니다. 이런 연구만이 살아남을 수 있다는 일종의 가이드라인입니다. 가이드라인의 내용은 다음과 같습니다.

첫째로 세상에서 유일무이absolutely unique하고 전 세계에서 처음 시도하는 분야의 연구라면, 그런 연구는 지속시켜야 합니다. '아직 존재하지 않고, 아직 얻을 수 없는not available and not accessible' 기술 연구라면 지원을 아끼지 않겠다는 것입니다. 만약 이런 기술을 연구를 통해 개발할 수 있다면 회사의 미래에 큰 영향을 미칠 것입니다. 당연히 이런 연구는 계속되어야 합니다.

둘째는 지원할 수 있는 연구는 '이미 존재하고 있지만, 우리가 가지고 있지 못한available and not accessible' 기술입니다. 이런 기술은 지금 경쟁 회사들이 연구를 지속하고 있는 것들입니다. 경쟁 회사에 밀리지 않기 위해서 이런 연구는 계속되어야 합니다. 경쟁에서 밀리면 생존이 위협받게 되겠지요. 따라서 이런 기술은 기업의 생존이 걸린 문제이므로 연구가 계속되어야 합니다.

마지막 세 번째는 '지금 존재하고 있고, 누군가 이미 개발에 성공한available and accessible' 기술이지만, 새로운 아이디어가 기존 기술보다 월등하게 뛰어나서 기존 제품이나 기술을 대체replace 할 수 있다면, 그 연구는 지원해야 합니다.

이것이 제가 제시했던 삼성종합기술원이 추구할 연구의 기본 방향이었습니다. 저는 이런 원칙을 세운 다음 삼성종합기술원의 구성원들과 함께 이를 공유했습니다. 모두가 공감할 수밖에 없는 근본 원칙이 세워졌고, 그 기준에 따라 의사 결정이 내려졌기 때문에 삼성종합기술원을 정비할 수 있었던 것입니다.

공급망 관리, 생산과 판매에 관한 원칙

제가 시도했던 또 다른 원칙의 사례를 소개하겠습니다. 사업 규모가 커지면 거래하는 협력 업체 수도 늘어나고 구매 물량도 증가하게 됩니다. 부서마다 선호하는 업체가 다르고 긴급을 요한다는 명목으로 날이 갈수록 신규 협력 업체 수가 급증하게 되었습니다. 안정적인 공급망 관리SCM, Supply Chain Management를 위해 신규 업체를 발굴하는 것도 중요한 일이지만, 그동안 원칙 없이 진행되다 보니 문제점이 많아지고 기존 협력 업체의 불만도 증가했습니다. 다음은 제가 정한 신규 구매처 선정 원칙입니다.

첫째, 누구도 제시하지 못했던 신기술이고 우리 회사에 활용될 가능성이 있으면 선정합니다. 신기술이 성공적으로 적용되면 다른 회사와 차별화를 할 수 있기 때문이고, 설령 적용에 실패하더라도 기술 축적이 가능합니다. 그뿐 아니라 다른 신기술을 보유한 업체에게도 삼성은 신기술에 대한 흥미를 적극적으로 보인다는 메시지를 보내야 누구보다도 먼저 우리와 접촉할 가능성을 높일 수 있기 때문입니다. 신기술은 먼저 확보해 활용하는 것이 경쟁력 우위를 확보하는 지름길입니다.

둘째, 물량 증가가 필요한데 기존 협력사가 공급을 충분히 해줄 능력이 부족하다면 신규 업체를 추가합니다. 물론 그전에 기존 업체가 요구되는 일정 내에 필요 물량을 공급해줄 수 있는지 확인해야 할 것입니다. 그것이 진정한 파트너십입니다. 단순히 원가 절감 측면에서 신규 업체를 발굴하는 것은 단기적으로 좋을지 모르나 장기적으로는 상호 신뢰를 잃게 됩니다.

마지막으로 기존 업체 중에서 기술 부족 혹은 관리 부재로 지속적인 품질 문제나 공급 차질이 발생하면 신규 업체로 대체합니다. 상기 원칙을 꼭 지키되, 예외가 필요한 경우에는 신규 업체 요청 부서가 관련 부서와 상의해 적절한 조치를 취한 후 실행하게 했습니다. 이와 같이 원칙에 근거한 조치를 취한 후에는 불필요한 회의뿐 아니라 구매와 관련된 사고도 대폭 감소했습니다.

다른 사례로, 생산 혹은 판매 제품 관리에 문제점이 있는 경우도 많습니다. 시간이 지날수록 생산하는 제품의 종류는 누적되지만 실제로 팔리지 않거나 적은 양만 팔리는 경우가 무척 많습니다. 영업 부서 입장에서는 소량이라도 팔아보려는 좋은 의도가 있지만 생산 라인 입장에서는 엄청난 비효율을 감수하면서 공장 운영을 해야 합니다. 그야말로 부분 최적화는 되지만 전체 최적화가 되지 않는 것이지요.

한 중견 기업 후계자로부터 이런 경우 때문에 내부 회의만 많아지고 결정하는 데는 도움이 별로 안 된다는 이야기를 들은 적이 있습니다. 영업 부서는 고객을 위해 적은 양이더라도 생산을 해야 한다고 주장하고, 제조나 개발 부서는 그 제품을 생산하기 위한 자원 낭비가 심하다는 불평이 나온다는 것이지요. 매달 혹은 매년 말이면 대책 회의를 하지만 결론을 내리기가 쉽지 않다고 했습니다. 모든 제품마다 존재 이유가 있기 때문입니다.

제가 조언한 것은 '제품 정리 원칙'을 만들어 두라는 것이었습니다. 매출, 이익, 생산 물량이 사전에 정해놓은 적정 수준을 만족시키지 못하면 일정 기간 생산 후에 무조건 종료한다는 원칙을 만들어놓는 것입니다. 물론 영업 부서가 특정 제품은 계속 생산해야 한다는 주장을 한다면, 그 논리를 들어보고 그것만 처리하는 회의를 하면 될 것입니다.

한번은 벤처를 하는 사람들이 찾아와서 벌려놓은 사업이 너무 많은데 어떻게 버려야 할지 모르겠다는 푸념을 늘어놓은 적이 있습니다. 매출이 안 나오는 프로젝트를 접어야 하는 상황에서 어떻게 하는 것이 최선의 전략일까요?

개인의 능력이 아닌 원칙을 지적하게 하라

《초격차》에서도 사례로 들었던 적자 사업부에 관하여 다시 한번 이야기를 해보겠습니다. 적자 사업부를 맡으면 당장 매출에 대한 부담이 커지고, 빨리 키워야 한다는 조바심을 갖기 마련입니다. 그런데 이런 상황에서 경영자들이 주로 취하는 조치는 쓰는 비용, 즉 인풋을 줄이는 것으로 나타납니다. 세 끼 먹을 것을 두 끼로 줄여서 허리띠를 졸라매자는 것이지요.

어떤 경영자는 비행기를 탈 때 비즈니스석이 아니라 이코노미석을 탄다고 자랑스럽게 이야기하기도 합니다. 실제로 긴축 경영을 통해 인풋을 줄이면 돈이 절약되기는 합니다. 그런데 회사에서 비용을 아낀다며 성능이 안 좋은 기계를 들여오면 그 기계를 고치는 데 절반의 시간과 비용을 쓰게 됩니다. 이는 본질이 무엇인지 놓쳐서 벌어진 필연적 결과입니다.

제가 적자 사업부를 맡았을 때 처음으로 한 일은 쓸데없는 프로젝트, 쓸데없는 기술 개발, 쓸데없는 제품들을 없애버리는 것이었습니다. 예를 들어 매출의 70~80%가 앞에 있는 20~30%의 제품에서 나오고 있으면 그 뒤에 있는 나머지 것들은 싹 정리해버리는 것이었습니다. 영업 부서에서는 그렇게 하면 매출의 20~30%가 빠지는 것을 각오해야 한다고 반응하더군요. 하지만 밀어붙였습니다.

그 후 실제로 단기간 매출은 줄었지만 남아 있는 제품들의 품질을 향상시키는 데 초점을 맞춰 자원을 더 투입할 수 있었고, 쓸데없는 곳에 낭비되는 돈을 줄일 수 있었습니다. 물론 적자 사업부였던 곳이 갑자기 매출이 급상승하는 일은 일어나지 않았지만 실질적으로 흑자를 내는 것이나 마찬가지였습니다.

물론 경영자가 독단적으로 기준을 정하는 것이 아니라 사전에 직원들과 충분히 협의하는 것이 중요합니다. 이렇게 해서 원칙이 정해지면 나중에 일일이 프로젝트를 살릴지 없앨지를 놓고 직원들과 갈등하지 않아도 됩니다. 경영자는 현업에 매몰되지 않고 미래에 대해서 고민하는 시간을 더 많이 가지게 될 것입니다.

　모든 업무를 원칙에만 따를 수는 없지만, 누구나 인정할 수 있는 원칙을 정해놓으면 시간도 절약하고 또 다른 부수 효과를 거둘 수도 있습니다. 상사 개인의 능력으로 모든 것을 결정하면 지시한 것에 문제점이 있더라도 상사의 의견에 반대하기가 어렵습니다.

　부모 이기는 자식은 있어도 상사를 이기는 부하는 절대로 없습니다. 문제가 있다는 걸 알고 시작했지만 지시한 것을 안 할 수도 없는 상황이 종종 있습니다. 수행하는 과정에서 문제가 발생해도 쉽게 보고도 못 하고 어떻게든 해결해보려고 쓸데없는 시간을 보냅니다. 문제점이 있다는 보고가 지연될 수밖에 없습니다. 상사의 잘못된 결정을 직접 보고해야 하니 부담스럽기 때문입니다. 그러나 원칙을 만들어놓으면 상사의 잘못을 직접 이야기하지 않고 원칙의 불합리성으로 이야기하기 때문에 훨씬 쉽게 문제점을 노출할 수 있습니다. 상사의 잘못된 결정을 직접 지적하지 않고 원칙을 지적함으로써 서로 편하게 이야기할 수 있게 되는 것이지요.

결재 대기 시간을 없애라

시간을 절약하는 마지막 방법은 자투리 시간을 잘 활용하는 것입니다. 하루 업무 중 회의가 끝나고 혹은 점심을 먹고 나면 다음 일정까지 짧은 시간이지만 특별히 할 일이 없는 자투리 시간이 상당합니다. 어쩌면 하루에 1시간 이상이 될지도 모릅니다. 이 시간에 휴식을 취할 수도 있지만 딱히 휴식이 되지도 않습니다. 잠깐의 안정 정도겠지요. 그런 자투리 시간을 어떻게 활용하는 것이 좋을까요?

고위급 경영자가 되면 결재할 건수도 점점 증가하게 됩니다. 요즘은 대부분 전자 결재 시스템을 도입하고 있어서 과거처럼 대면 결재를 하는 경우는 극히 드물어졌습니다. 바쁘다고 결재를 늦게 하면 대기하는 결재 건수가 그만큼 늘어나게 됩니다. 도로에서 사고가 일어나지 않았는데도 막히는 이유는 한 지점에서 일부 차량의 속도가 느리기 때문이고, 골프장에서도 한 팀이 느려지면 다른 모든 팀의 진행이 느려집니다. 결재도 마찬가지입니다. 한 건이 늦어지면 모든 것이 느려져 결재 기간도 길어지고 리더 자신도 훨씬 많은 시간을 써야 끝납니다.

절대로 대기queue가 없도록 하는 것이 좋습니다. 저는 자투리 시간에 결재함에 들어가 예결함을 미리 모두 읽어봅니다. 안건별로 통과건, 반려건, 질문할 것들을 정해놓고 결재 서류가 올라오면 앞서 예결함을 보고 결정한 것처럼 빠르게 처리해버립니다. 대기를 최소화하면 결재 시간이 짧아져 기안자도 좋아하고 저의 시간도 많이 절약됩니다. 쉽게 낭비될 수 있는 자투리 시간을 잘 활용하면 하루 중 많은 시간을 절약하고 생각할 여유를 갖게 되는 것입니다.

오너와 전문 경영인은 어떻게 역할을 분담해야 할까요?

오너의 역할, 전문 경영인의 역할

조직 거버넌스

우리나라처럼 기업 지배 구조에 대한 논쟁이 많은 나라는 없을 것입니다. 오너 경영자와 전문 경영인 체제 중에서 '어떤 구조가 경영을 잘하는 데 적합할까?'를 놓고 학자들 사이에서도 의견이 분분합니다. 하지만 누가 경영을 하든 잘하면 되는 것이지 이분법으로 나누어 생각하는 것 자체가 저로서는 이해하기가 어렵습니다.

우리나라는 선진국보다 산업 역사도 짧을 뿐만 아니라 역사상 유례가 없는 경제 성장을 단시간에 이루었습니다. 따라서 지배 구조도 그런 상황에 적응하도록 진화되었다고 보아야 할 것 같습니다. 팔로어 입장에서 가장 중요한 것은 "무엇을 어떻게 언제 할 것인가?"와 같이 주요 결정을 내리는 타이밍이었습니다. 자체 아이디어로 누구도 하지 않던 사업이라면 결정하는 데 그나마 시간적 여유가 있을지 모르나 카피 시대에는 누구보다도 빨리 시장에 출시해 선점하는 것이 필요했을 것입니다.

우리나라 '오너 경영'의 현실

우리나라 주요 기업은 제조업 중심으로 발달해왔습니다. 제조업은 특성상 시설 투자가 많습니다. 투자를 할 때도 역시 중요한 것은 빠르고 바른 결정입니다. 한때 메모리 반도체는 호황과 불황이 주기적으로 반복되는 사업이었습니다. 이건희 회장이 불황에서도 지속적인 투자를 결정한 덕분에 일본을 누르고 세계 선두에 서게 된 사실은 잘 알려져 있지요.

제조업의 큰 자산은 기술과 제조 경험의 축적입니다. 최고 경영자의 운영 방침에 일관성이 없다면 경험의 축적이 이루어지기가 어렵습니다. 단기 성과만을 보지 않고 장기적이고 지속적인 성과를 목표로 해야 합니다. 안타깝게도 현실은 단기 성과만을 목표로 하는 경우가 많습니다. 모든 전문 경영인은 자기 임기 내에 꼭 성과를 내야만 평가를 받기 때문입니다. 어느 전문 경영인이 자기 임기가 끝나고 몇 년 후에 성과가 나오는 일을 하겠습니까? 게다가 위험도가 높은 사업에 도전하겠다고 결정하기에는 오너 경영인이 아니라면 추진하기가 쉽지 않습니다.

히든 챔피언Hidden Champion이라고 불리는 일본이나 독일의 수많은 세계적 강소기업은 대부분 오너 경영 체제입니다. 전문 경영인 체제였다면 이런 기업들의 성공은 힘들었을지도 모릅니다. 장기적인 관점에서 자산과 경험이 유지되는 기업 지배 구조를 갖춰왔기에 현재와 같은 글로벌 기업으로 성장했다고 봅니다.

그런데 우리나라의 대기업들처럼 단기간에 눈부신 성과를 이룬 시스템이 비난을 받는 이유는 무엇일까요? 창업자가 생존했을 경우보다 후계자들이 기업을 물려받은 후 비난이 더욱 심해지곤 합니다. 외부에서 보기에 오너가 책임은 지지 않고 자기 멋대로 모든 것을 결정해 어떤 경우에는 기업을 파산시켜 사회에 피해를 주거나 보유 주식에 비해 과도한 권한을 갖고 있다고 생각하는 것이지요. 상속 과정이 불투명하거나 일반 상식에 반한다고 느끼는 정서도 있을 수 있습니다. 어떤 경우에는 정말로 후계자들이 경영을 못하는 경우도 있기 때문일 것입니다. 이처럼 부정적으로 보이는 측면도 있지만, 오너 경영의 긍정적인 측면도 간과해서는 안 됩니다.

제가 관찰한 바로는 누구보다도 회사에서 가장 고민을 많이 하고 미래에 대해 걱정하는 사람은 오너입니다. 전문 경영인이야 은퇴하면 그만이지만 오너에게는 은퇴가 없습니다. 평생 고생과 고민을 해야 하는 고행의 길입니다. 물론 경영 방식에 있어서 전문 경영인보다 부족한 면이 있을 수도 있지만, 장수 기업을 만들겠다는 의지 측면에서는 누구와도 비교할 수가 없습니다. 모든 조직이 오래가려면 중심축이 있어야 합니다. 뛰어난 장수 없이 전쟁에서 이길 수 없는 이치와 같습니다.

견제 가능한 소유와 경영의 분리

저는 현재의 오너 경영을 부정만 할 것이 아니라 약간의 보완을 하면 나아질 것이라고 생각합니다. 오너 경영의 장점인 신사업 도전과 빠른 의사 결정은 급변하는 새로운 시대에도 여전히 유효합니다. 그렇지만 오너 시스템은 검증과 조정, 균형과 견제라는 관점에서는 보완할 점이 있습니다.

현재 우리나라 대부분 기업에서 오너와 전문 경영인의 관계는 상호 보완 관계가 아니라 상하 관계라 할 수 있습니다. 오너가 전문 경영인의 임명과 퇴임을 결정할 수 있기 때문에 상호 보완이 아니라 지시에 가깝습니다. 전문 경영인의 능력을 최대한 발휘할 수 없는 셈이지요. 대부분 서로 의견 일치가 있다 하더라도 일부는 의견 차이가 있을 수 있고, 또한 업무를 수행하는 방법과 조직 운영에 대해서도 서로 다른 견해를 가지고 있을 수도 있습니다. 하지만 가정에서 항상 남편의 의견대로만 모든 결정이 내려진다면 결과는 어떻게 되겠습니까?

소유와 경영의 분리라는 말은 지나친 이분법적 발상으로 보입니다. 단, 약간의 변형된 소유와 경영의 분리는 좋을 듯합니다. 회사의 장기 계획에 따른 신사업 진출, 대규모 투자 등은 오너의 주도하에 전문 경영인과 상의해 결정하고 그것을 집행하는 권한은 전부 전문 경영인에게 주는 것입니다. 조직 구성, 임원 임명, 운영 방법에 대해서는 오너가 관여하지 않는 것입니다. 이렇게 해야 전문 경영인이 자신의 실력을 최고로 발휘하려고 노력할 것입니다. 전문 경영인이 진정한 의미의 CEO 역할을 할 수 있게 하는 것이지요. CEO는 'Chief Execution Officer'가 아니라 'Chief Executive Officer'여야 합니다.

그렇다면 전문 경영인은 누가 견제할까요? 오너는 전문 경영인에 대한 불신이 생기면 퇴임시킬 수 있는 권한을 갖되 이사회의 승인을 받도록 해야 합니다. 단순히 자기 마음에 안 든다고 인사권을 남발하면 안 되겠지요. 이런 시스템을 잘 운영하려면 최고 전문 경영인을 제대로 뽑는 시스템이 필요합니다. 앞서 언급한 것처럼 최고 경영자는 선발 위원회 혹은 이사회에서 심층 검증하고 오너에게 추천하는 방식입니다. 오너는 거부권을 행사할수 있지만, 이 또한 이사회에서 재가결하면 승낙을 해야 합니다.

이와 같은 방식으로 운영된다면 오너, 이사회, 최고 전문 경영인이 각자 임무를 다할 수 있고 자연스럽게 검증과 조정 기능도 작동할 것입니다. 그러면 오너는 경영의 부담에서 벗어나 미래에 초점을 맞춘 더 큰 사업을 구상할 수 있게 될 것입니다.

스웨덴의 발렌베리 가문은 무려 5대에 걸쳐 승계된 가족 경영을 하지만 후계자를 승계할 때 매우 엄격한 과정을 거치고, 소유와 경영의 분리도 철저하게 지킵니다. 큰 잡음 없이 오래도록 유지될 수 있는 그들만의 원칙이 있는 셈입니다. 우리도 이런 시스템을 벤치마킹할 필요가 있습니다. 예를 들어 후계자가 실력이 부족하다면 주주로서 역할을 만들어주고, 실무는 전문 경영인에게 위임할 수 있습니다.

> **Q** 회사 상황에 따라 리더의 임무는 어떻게 달라지나요?

언제든 변신할 준비가 되어 있는가?

사업 단계별 임무

경영자들은 사업이 잘될 때 혹은 안될 때 어떻게 경영하는 게 좋을지 서로 논의할 때가 있습니다. 모든 사업은 창업기start, 성장기grow, 정체기stay, 쇠퇴기decline 그리고 붕괴기collapse 중 어느 한 단계에 있을 것입니다. 한 회사 내에서도 사업부별로 다른 단계에 있을 수도 있습니다. 사업이 현재 어느 단계에 있는지 현황을 분석하기는 쉽지 않으며 리더의 해석에 따라 달라질 수도 있을 것입니다. 그래도 알아내야 상황에 맞는 목표와 운영 방법을 세울 수 있습니다.

제가 간단히 판단하는 방법은 기준 연도를 정하고 그 후 3~4년간의 매출액과 이익 그리고 시장 점유율의 연도별 변화 추세를 분석해서 어느 단계에 있는지 유추하는 것입니다. 수년간의 매출, 이익 그리고 시장 점유율의 추세가 성장 모드라면 성장기, 유지되면 정체기, 감소되고 있으면 쇠퇴기, 급격히 감소하면 붕괴기로 보면 됩니다. 예를 들어 이익이 나더라도 매출 성장이나 시장 점유율이 감소 추세에 있으면 쇠퇴기로 간주하는 것이 향후 방향 설정에 도움이 됩니다. 그렇다면 각 단계에서 리더는 무엇에 중점을 두어야 할까요?

성장기: 인재 육성과 인프라 구축

성장기에 있다면 지속 성장을 대비한 인재 육성과 인프라 구축을 해야 합니다. 사업은 커지는데 제대로 운영할 인력이 부족해 사업 확대의 기회를 놓쳐버리는 경우를 볼 수 있습니다. 인재를 미리 육성해놓으면 특정인에 대한 의존에서 벗어날 수 있고 새로운 영역도 개척할 여지가 생기는 것입니다. 인프라가 구축되어 있지 않으면 성장에 걸림돌이 되는 경우가 많습니다. 인프라 투자는 현재 기준으로 하는 것이 아니라 몇 년 후에도 충분히 사용할 수 있을 정도로 해야 합니다. 예를 들면 전기와 용수량을 올해 기준으로 하여 장비를 구축한다면 당장 내년부터 생산에 차질이 생길 것입니다. 연구 인력에게 지원하는 PC도 마찬가지입니다. 최고급으로 해야 설계 시간이 단축될 텐데 경비를 절감한답시고 구식을 그대로 쓰게 하는 것은 어리석은 일입니다. 그야말로 소탐대실하는 것입니다.

매출이 증가하는 회사의 경영자가 종종 착각하는 것이 있습니다. 경쟁사의 매출 성장이 더 큰데도 자신이 잘하고 있다고 착각을 하는 것입니다. 그렇게 자기만족에 빠져 있다가는 곧 쇠퇴기로 들어설지 모릅니다. 따라서 성장기에 가장 주의 깊게 봐야 할 지표는 시장 점유율이라고 생각합니다.

정체기: 현황 파악과 대응

정체기에 있다면 시장 자체가 전반적으로 정체한 것인지 아니면 자체 문제로 자신만 정체 중인지를 정확히 파악해야 합니다. 시장은 성장 추세에 있는데 자체 문제 때문에 정체되어 있다면 단기간에 해결할 수 있는 모든 방법을 동원해야 합니다. 인력

보완이 될 수도, 기술 도입이 될 수도, 생산성이 높은 신규 장비의 도입일 수도, 마케팅의 강화일 수도 있습니다. 상황에 따라 신속히 대응해야 합니다.

만약 시장 자체도 정체되었고 앞으로 다시 증가세로 돌아설 가능성이 없다면 다른 신규 사업을 준비해야 합니다. 사실 그 상황에서 신규 사업을 준비하는 것은 이미 늦은 것일지도 모르지만 그래도 안 하는 것보다는 낫습니다. 제대로 경영을 했다면 성장기에 이미 준비했어야 했겠지요. 여유가 있을 때 필요한 일을 안 하면 나중에 훨씬 큰 고통을 당하게 되는 이치입니다.

쇠퇴기: 과감한 쇄신 또는 돌파구 모색

쇠퇴기에 들어서면 조직은 활력이 없고 수동적으로 바뀝니다. 우수한 인력이 모이지도 않을 뿐만 아니라 오히려 빠져나가기 시작해서 상황이 더욱 나빠집니다. 그래도 흑자가 나는 상황이면 많은 리더들은 기존의 방법으로 열심히 하면 될 거라는 착각으로 임직원을 밀어붙이지만 전환은 쉽지 않습니다. 번지 점프를 할 때 가장 낮은 지점까지 떨어졌다가 반등을 해도 처음 위치까지 절대로 가지 못하는 것처럼, 사업도 쇠퇴기에 들어서면 과거의 최고점에 도달할 수 없음을 깨달아야 합니다. 다시 성장기로 돌아가려면 기존의 방법이 아니라 새로운 방법으로 도전해야 합니다.

이런 상황에서 최우선으로 해야 할 일은, 기존의 리더들을 대폭 교체하는 인적 쇄신과 함께 조직을 개편해서 분위기를 바꾸는 것입니다. 그래야 그나마 돌파구를 찾을 수 있습니다. 새 술은 새 부대에 담아야 하는 것입니다. 기존의 생각과 방법으로 쇠퇴기를 벗어나는 경우는 거의 없습니다.

붕괴기: 쇼크 요법

붕괴기 상황에서는 최고 임원을 외부에서 유치해 기존 임원을 대체하거나 일부 사업을 폐쇄시키는 등 일종의 쇼크 요법을 사용해야 합니다. 현재 조직을 리모델링remodeling 할 것인지, 아예 재건축renovation을 추진해야 할지 결정도 해야 합니다. 그렇다고 개선된다는 보장은 없지만 최후의 방법을 동원하는 것이지요. 사실 이 지경까지 오지 않도록 미리미리 준비했어야 했습니다. 회사 내 일부 사업이라면 포기하고 인력이나 자원을 다른 분야로 돌리는 것도 한 방법입니다.

내부 인재와 외부 인재를 어떻게 활용해야 할까요?

똑똑한 인재가 초래하는 리스크

인재 등용과 영입

대부분 기업에서는 자기가 일하는 부서에서 실수 없이 일한 직원들을 유능하다고 평가하고 승진시키는 경우가 많습니다. 그러다 보니 개발 부서에서, 제조 부서에서, 영업 부서에서 평생 같은 일만 하다 올라오는 사람이 많을 수밖에 없습니다. 토너먼트 경기를 치르듯 단기 실적에 집중합니다. 실수를 하나라도 덜한 사람이 최고 자리에 올라 외골수가 되는 것입니다. 이처럼 한 종류의 업무만 하고 올라오는 사람은 협력보다는 경쟁에 익숙해서 부서 간 협업이나 조직 관리에 문제가 있는 경우가 많습니다.

모든 회사는 이런 부류의 인재를 가장 다루기 어려워한다는 느낌을 자주 받았습니다. 그런 직원이 만에 하나 감정이 틀어져 떠나면 회사가 제대로 굴러가지 않을 것 같고, 그대로 두자니 회사 내에서 너무 많은 잡음이 생기는 것이지요. 한마디로 똑똑한 인재가 리스크를 초래하는 꼴입니다. 특히 중소·중견 기업이나 창업한 지 얼마 안 되는 기업의 경영자들이 이런 질문을 자주 하곤 했습니다. "대기업은 인재가 많으니 대체할 인력이 있겠지만 우리는 그렇게 할 수가 없습니다. 이런 경우 어떻게 해야 합니까?"

하지만 대체할 인력이 있는 대기업이라 하더라도 그러한 어려움에 직면하기는 마찬가지입니다. 저는 어떤 특별한 기술, 특정 인물, 특정 고객에 대한 의존도가 과도하게 크다면, 이것은 위험을 알리는 적신호와 같다고 대답했습니다.

소수의 인재에게 조직의 운명을 맡기지 마라

특정인에 대한 의존도가 높은 것은 절대로 바람직하지 않습니다. 이런 기업은 더 큰 위험에 처하기 전에 다른 사람을 빨리 교육시켜서 대체할 준비를 해야 합니다. 현재도 그 사람 때문에 리스크가 생기고 있는데, 계속 안고 갈수록 리스크는 점점 더 커질 수밖에 없습니다.

쉽지 않은 문제이지만 직원 수가 어느 정도 된다면 그중에서 괜찮은 인재를 충분히 발굴할 수 있다고 생각합니다. 히딩크가 감독으로 부임해서 박지성을 발굴했던 것처럼 다른 직원들 중에서 능력이 출중한 인재를 찾아내야 합니다. 그리고 그 사람을 육성시켜 회사가 한 사람 또는 소수의 사람들에 의해 좌지우지되는 것을 막아야겠지요.

중소기업이나 어느 정도 성장한 벤처 기업의 경영자들이 부딪힌 다른 형태의 인사 문제도 있습니다. 실제로 한 경영자는 처음 벤처를 시작할 때 10명 정도가 고생고생하면서 회사를 키웠는데, 그중 5~6명은 회사의 발전 속도를 따라가지 못하고 애물단지가 되어버렸다며 고민을 털어놓기도 했습니다. 그들은 초창기에 창업자와 함께 주도적으로 사업을 성장시킨 이른바 '창업 공신'들을 '어쩔 수 없이' 유지하고 있는 경우가 많았습니다. 창업 시기에 같이 고생한 것 때문에 이러지도 저러지도 못하는 것입니다.

회사의 생존과 성장, 조직원들의 미래를 위해서 그런 사람은 반드시 분리해야 하지만, 한때 조직에 헌신했던 사람을 토사구팽兎死狗烹하듯 단칼에 내치는 것이 아니라 충분히 설득하고 기회를 주는 과정도 중요합니다.

이런 경우에는 회사가 어느 정도 규모에 도달했을 때 그 사람에게도 독립할 기회를 주는 것입니다. 지금 당장은 그 사람에게 신규 사업 자금을 나누어주는 것이 아깝다고 생각될 수 있습니다. 그러나 멀리 보면 회사의 미래를 위해서는 훨씬 이득이 됩니다. 창업자나 리더는 그 조직을 키워야 할 일종의 의무가 있습니다. 구성원들을 위해서 그렇게 해야만 합니다.

리더는 기본적으로 성장과 생존을 늘 전제하고 있어야 합니다. 그러나 안타깝게도 경영자들은 그 사실을 알면서도 대안을 찾는 일을 게을리합니다. 우선은 그 사람이 있음으로써 자신이 편하다는 것을 알고 있기 때문입니다. 그렇게 점점 그 사람에게 의존하게 되고 나중에는 꼬리가 회사를 흔드는 꼴이 되고 맙니다. 설령 그 사람이 정말 좋은 마인드를 가졌다 하더라도 마찬가지입니다. 불의의 사고라도 나서 그 사람의 자리가 공석이 되면 회사는 흔들릴 수밖에 없을 것입니다.

외부 인재를 영입할 때 주의할 점

한번은 중견 기업체의 오너가 저를 찾아와 회사에 대해 이런저런 이야기를 하다가 마지막에 이런 고민을 털어놓은 적이 있습니다. 회사에서 오래 일하면서 관리도 잘하고 꼼꼼한 사람인데 외부에서 다른 사람을 후계자로 데려오니까 인정할 수 없다는 식으로 나와서 골치가 아프다는 것이었습니다. 이런 경우 어떻게 하면 기존 직원의 기분을 덜 나쁘게 하면서 동시에 납득하게 할 수 있을까요? 불필요한 오해를 사지 않기 위해서는 다른 대안을 찾으면서 동시에 그 사람에게도 선택권을 주어야 합니다.

예를 들어 현재 2인자인 부사장 자리에서 같은 일을 계속하든지, 아니면 자회사의 사장으로 승진시키면서 생각하는 폭도 넓히고 현재 레벨을 뛰어넘을 것인지 선택권을 제시하는 것입니다. 물론 그 사람이 괄목할 만한 성과를 올린다면 본사의 사장이 될 수 있다는 점도 언급해야겠지요.

여러분이라면 어떤 선택을 하시겠습니까? 후자를 선택할 가능성이 높으리라 생각합니다. 이런 과정을 진행할 때는 아무런 설득 과정도 없이 인사 발령만 내버리고 끝내서는 안 됩니다. 그 사람을 더 성장시키기 위한 하나의 과정이자 툴이라는 것을 분명히 밝히고 스스로 받아들이도록 설득해야 합니다.

다음으로는 외부에서 데려온 인재의 경우를 생각해보도록 하겠습니다. 회사는 항상 외부 인재를 영입하는 것이 좋습니다. 기존의 인재가 잘한다고 하더라도 생각의 관성 때문에 조직이 정체되기 쉽습니다. 다른 경험을 한 인재가 합류하면 다양성도 생기고 생각의 레벨도 높아지면서 조직이 건강해집니다.

단, 외부에서 인재를 영입할 때 살펴봐야 할 전제 조건이 있습니다. 능력은 당연히 보겠지만 그 사람의 행동과 태도도 중요한 항목인데 간과되기가 쉽습니다. 자신의 실력을 의식적으로 과시하거나 지난번 회사와 비교하면서 기존 임직원의 마음을 상하게 하는 행동으로 회사를 어렵게 하는 경우가 있습니다. 시너지를 내려고 영입했는데 갈등만 생기게 됩니다. 외부에서 영입되는 사람들은 기존 인력으로부터 인간미가 있고 실력 있는 사람이라고 인정받도록 노력해야 합니다.

최고 경영자급 인재를 외부에서 영입하는 경우는 회사에 적자가 쌓여서 존폐를 걱정해야 할 정도로 위태로운 상황일 때일 것입니다. 회사가 붕괴 직전 상황에 이르렀을 때는 기존 직원들도 외부에서 새로운 리더가 오는 것에 대해 쉽게 반발할 수가 없습니다. 어차피 자신들에게도 잘못한 점이 있다는 것을 인정하기 때문입니다.

회사가 긴급한 상황에서 외부 인재를 수혈할 때는 책임자급 한 명이 아니라 하나의 팀을 영입하기도 합니다. 리더가 자신과 좀 더 손발이 잘 맞고 편한 사람을 기존 조직으로 끌고 들어오면서 이른바 '라인'을 만드는 셈입니다. 빠른 기간 내에 회사를 회생시키려는 생각으로 그렇게 했겠지요. 그러나 리더는 기존 직원들을 격려하고 새로운 길을 모색하는 지혜가 있어야 합니다. 그렇게 하지 않으면 기존에 있던 사람들은 거의 패잔병처럼 취급받는다고 느끼게 됩니다. 이렇게 해서는 위기에서 벗어나기는커녕 새로 온 구성원들이 기존 직원들의 협조조차 구할 수 없게 됩니다.

위기 상황일수록 심도 있는 인터뷰 등을 통해서 현재의 인력을 정확하게 파악하고 재배치하는 일을 먼저 수행해야 합니다. 모자라는 부분이 생겼을 때 외부 인력으로 보완해도 늦지 않습니다. 그러므로 새로운 리더를 꼭 영입하고 싶다면 새로운 신규 사업을 만들어서라도 그 사람의 능력을 사전 테스트하는 과정을 거쳐야 합니다. 그 사람의 실력이 구성원들에게도 충분히 검증되고 같이 일해도 좋은 사람이라는 정서적 동의가 이루어진 뒤에 기용해도 늦지 않습니다.

Q 미래를 위해 리더가 준비해야 할 일은 무엇일까
요?

지속 가능한
혁신과 문화의 선도자
리더의 책무

저는 많은 기업인들에게 '과감한 혁신을 위한 리더의 책무'
를 거듭 강조해왔습니다. 모든 기업, 모든 조직을 이끌어
가는 리더의 목표는 '혁신'에 맞춰져야 합니다. 그러나 어렵고 힘
들게 이루어낸 혁신이 당대에서 끝나버리고 만다면, 그것은 '초
격차'의 진정한 의미와도 맞지 않을뿐더러 기업의 지속 가능한
미래 또한 없을 것입니다.

자연에서는 우연에 의해 변이가 발생하고 적자생존의 원칙에

따라 우월한 유전자가 전파되어 번성합니다. 이런 원리는 기업에도 똑같이 적용될 수 있습니다. 세대에서 세대로 이어지는 것이 자연에서는 유전자gene라면 기업에서는 기업 문화meme일 것입니다. 기업에서 이 모든 과정은 우연에 의해서가 아니라 리더의 철저한 계획과 실행 의지로 이루어지는 것이지요. 그러므로 리더는 혁신과 문화의 선두에 서서 혁신에 혁신을 거듭하는 기업 문화를 만들어야 합니다.

- **자연:** 우연에 의한 변이 → 유전을 통하여 번성
- **기업:** 계획에 의한 혁신 → 문화를 통하여 성장

우리에게 필요한 리더

목숨을 걸고 달려들어야 하는 혁신 앞에서는 많은 사람이 두려움을 가질 수밖에 없습니다. 성공할 확률이 20%밖에 안 되는 일에 기업의 미래를 거는 것이 쉬운 일은 아닐 것입니다. 그럼에도 불구하고 집안의 중대한 결정을 자식에게 미루는 가장이 없듯이 사운이 걸린 중대한 일을 직원들에게 떠넘겨서는 안 됩니다.

예를 들어서 사장이 부장에게 다짜고짜 "혁신을 하라"고 지시

할 수 있을까요? 만일 실패한다면 그는 회사에 더 다니지 못할 수도 있고, 자식들 교육을 비롯해 집안 생계를 위협하는 금전적 문제에 부딪힐 게 뻔합니다. 당연히 직원으로서는 몸을 사릴 수밖에 없습니다.

"안 되면 네 탓, 잘되면 내 탓"이라는 식으로 말하거나 행동하는 리더들도 너무 많습니다. 설령 지시를 하더라도 "그 결과에 대한 책임은 다 내가 진다."라는 신뢰와 확신을 심어주는 것이 진짜 좋은 리더가 할 일이겠지요. 그러므로 결과적으로 혁신의 주체이면서 혁신을 지속시키기 위한 기업 문화의 최전선에 서는 사람은 리더 자신이 될 수밖에 없는 것입니다.

혁신 이후에는 더 중요한 문제가 우리 앞에 놓여 있습니다. 혁신은 어떻게 지속 가능해질까요? 혁신을 이루었다고 해서 모든 것이 알아서 잘 굴러갈 거라고 생각하면 큰 오해입니다. 리더는 혁신의 DNA를 도전, 창조, 협력이라는 기업 문화로 발전시켜야 할 의무가 있습니다. 리더는 바로 이런 일을 하는 사람입니다. 기업에서 이런 것들을 실현해 혁신이 지속 가능해지는 문화로 이끌lead 수 있는 리더leader가 우리에겐 꼭 필요합니다.

앞서 강조했듯이 리더라면 '생각 없이 열심히 일하는hard working without thinking' 것이 아니라 '열심히 생각하면서 일하는smart working with thinking' 연습을 해야 합니다. 혼자 생각하는 시간을 통해서 앞으로 어떤 변화의 물결이 다가올지 가늠해보기도 하고, 기업 문화를 어떻게 만들어가야 할지 계획을 세우는 것이 훨씬 자기 자신과 회사에 도움이 될 것입니다. 1페이지부터 300페이지까지의 모든 내용이 주옥같은 책은 없습니다. 그중에 단 하나라도 내 것으로 만들어 실행해보는 것이 중요합니다.

제가 리더의 생각과 행동을 설명할 때 드는 비유가 있습니다. 생각할 때는 가정의 미래를 위해서 자식에 투자하는 가장처럼, 행동할 때는 사랑하는 사람의 마음을 얻으려고 하는 사람처럼 해야 한다는 것이지요. 정상적인 가장이라면 언제나 가족 구성원의 건강을, 자식의 미래를 생각할 것입니다. 그러므로 사업에서 중요한 결정을 내릴 때는 그 기준이 항상 미래에 있어야 합니다.

그렇다면 사랑하는 사람의 마음을 얻으려는 사람처럼 행동하라는 것은 무슨 말일까요? 연애를 하는 사람은 상대의 마음을 얻기 위해서 끊임없이 상대방의 입장을 헤아리려고 합니다. 상사를 설득하기 위해서, 조직 구성원들이 편하고 즐겁게 일하도록 하기 위해서, 그리고 비즈니스 상대가 무엇을 원하는지 간파하기 위해서는 연애하는 사람처럼 행동해야겠지요.

이런 생각과 행동이 반드시 성공할 거라는 보장은 없지만, 목표를 설정하고 그것을 이루어 나가는 과정에서 실패할 확률을 줄일 수는 있을 것입니다.

'유능한 리더'에 대한 새로운 정의

집안에서 제일 중요한 계획을 가장이 세우는 것과 같이 회사에서도 변화와 성장을 위한 가장 중요한 계획은 리더가 수립해야합니다. 그런데 많은 회사의 리더들은 자신이 마땅히 해야 할 일을 바쁘다는 핑계로 부하 직원들에게 떠넘기곤 합니다. 이는 마치 집안의 중요한 계획을 고등학교에 다니는 자식에게 짜보라고하는 부모와 같습니다.

어떤 리더들은 기획팀이나 영업팀에게 우리 회사가 앞으로 어떤 방향으로 가야 할지, 무엇을 해야 할지 조사해서 대책을 세워오라고 지시합니다. 부하 직원들은 컨설팅 업체 같은 곳을 섭외해서 듣기 좋고 허황된 말들, 즉 리더가 듣고 싶어 하는 말들만써서 보고하고 끝내버립니다. 회사의 운명을 다른 사람에게, 부하 직원에게 시키는 것이야말로 리더의 가장 큰 직무유기입니다.

단지 조직 내부의 효율을 극대화해 잘 굴러가게 하는 것만으로는 더 이상 시너지를 낼 수 없는 시대가 되었습니다. 생산성의극대화를 통해서 같은 시장 안에 있는 남의 것을 빼앗는 것은 제로섬 게임일 뿐 진정한 성장이라 볼 수 없습니다.

시너지를 낸다는 것은 효율의 극대화가 아니라 시장에 충격im-pact을 가져다주는 것, 즉 커다란 효과를 내는 것입니다. 시너지를 내기 위해서는 자신의 영역을 벗어나 좀 더 높은 레벨에서 볼 줄 아는 리더가 필요합니다. 한 분야에서 외길만 걸어온 사람이 사장이 되면 그가 무능해서가 아니라 다른 일을 이해하지 못해서 결과적으로 시너지를 내지 못하는 기업이 되는 것입니다.

리더는 혼자서 모든 것을 할 수 없습니다. 그러므로 이제 우리는 유능함에 대한 정의를 다시 내려야 할지도 모르겠습니다. 지금까지는 한 분야에서 탁월한 성과를 낸 사람을 유능하다고 평가했지만, 앞으로는 다른 의견을 잘 듣고 상호 피드백을 원활하게 하는 리더, 유연한 조직 문화를 만드는 리더가 유능한 사람이 되는 것입니다.

2장

혁신 ─────

생존과 성장의 조건

Q 리더는 어떻게 혁신을 해야 할까요?

사활을 걸고 밀어붙여야하는 일
혁신의 3가지 조건

1장에서 설명한 기업의 성장 단계(108쪽)를 다시 한번 짚어보면서 혁신에 관한 이야기를 본격적으로 이어가겠습니다. 모든 기업은 창업기, 성장기, 정체기, 그리고 쇠퇴기의 단계를 거칩니다. 각각의 단계마다 지속 성장하기 위해, 정체를 벗어나기 위해, 쇠퇴기에서 회생하기 위해 다양한 전략을 구사하고 필요한 경영 혁신 방법을 활용합니다. 한때 경영 혁신을 위한 '6 시그마', 'BPRBusiness Process Re-engineering' 등과 같은 다양한 혁신 기법이 유행했지만, 최근에는 언급조차 되지 않는 것을 보면 그런 기법들이 일시적으로 유효했을 뿐 지속적인 효과는 내지 못하는 모양입니다. 사실 그런 기법들은 경영 개선에는 적합할지 모르지만, '경영 혁신'에는 충분하지 않다고 생각합니다.

혁신의 결과는 조직의 사활

혁신은 단기 생존이 아니라 장기 생존을 위해서 하는 것입니다. 기업의 평균 수명이 30년을 넘지 않는다는 최근 보고서를 보면 그만큼 생존하고 성장한다는 것이 쉽지 않음을 증명합니다. 그렇다면 지속 성장을 하는 회사와 단기간에 사라지는 회사는 무슨 차이로 그렇게 되었을까요?

서로 다른 사업군이라면 사업 특성이나 환경 등의 차이로 비교하기가 어려울지 모르나, 동종의 사업을 하는 회사들 간에도 큰 차이가 나는 것을 보면 무언가 이유가 있을 것입니다. 시장이 존재하는 상황에서는 성장률이 낮을지언정 사양 기업은 있어도 사양 산업은 없습니다. 우리나라에서 섬유 산업을 사양 산업이라고 여겼지만 아직도 섬유로 성장하는 기업이 있다면, 이미 사라진 기업들의 최고 경영자나 리더들의 혁신 의지가 부족했기 때문이라고 봐야 하지 않을까요?

혁신을 하겠다는 의지는 기업의 최고위층 리더들이 가진 생각과 태도와 관련이 있다고 봅니다. 기업은 생존을 위한 개선과 지속 성장하기 위한 혁신이 모두 필요합니다. 그런데 혁신과 개선을 구분하지 못하고 혼동하는 경우가 많습니다. 많은 회사에서 혁신을 추구하고 있다고 하지만 실제는 개선 활동인 경우가 대부분입니다. 만일 혁신하려는 분야가 앞서 언급했던 경영의 4개 영역(인풋, 아웃풋, 시스템, 상황) 중 아웃풋과 시스템 영역에 포커스를 맞추고 있다면 혁신에 가깝고, 인풋이라면 개선에 가까울 것입니다. 혁신은 새로운 가치를 창출하기 위해 위험을 무릅쓰고 판을 새로 짜는 것이지요.

제 나름의 기준은 이렇습니다. '개선은 조직의 손익으로, 혁신은 조직의 사활死活로' 그 결과가 나타난다는 것입니다. 죽지 않으려는 것은 본능이기 때문에 현실에 안주하면서 조금씩 개선에만 만족하려는 경향이 많은 것도 당연합니다. 실무자는 개선의 차원에서 최선의 노력을 다하는 것으로 충분합니다. 반면에 리더는 원가 절감이나 생산 관리 같은 '개선'보다 더 높은 가치를 창출하는 '혁신'에 초점을 맞춰야 합니다. 하지만 아쉽게도 많은 리더들이 현재에 만족하거나 두려움에 사로잡힌 채 전문 관리자로서의 역할에 만족하고 있는 듯합니다.

혁신을 이루기 위한 3가지 힘

《초격차》에서 변신의 예로 설명했던 애벌레 이야기를 다른 측면에서 비유해보겠습니다. 애벌레가 크는 것은 개선이지만 고치로 변신하는 것은 혁신입니다. 개선만 하는 것은 계속 애벌레로 남는 것과 같습니다. 그 결과가 어떨지는 누구나 알 수 있을 것입니다. 혁신은 목숨을 걸고 도전하는 행위입니다. 그래서 개선은 실무자가 하는 것이고 혁신은 리더가 주도해야만 하는 것입니다.

현재 세계에서 가장 많은 혁신의 결과물을 만들어내는 곳은 실리콘밸리입니다. 무엇이 혁신을 가능하게 했을까요? 우리도 혁신을 하려면 무엇을 준비해야 할까요? 우선 무언가를 바꿔보려는 혁신 의지가 있는 리더가 반드시 있어야 합니다. 오케스트라에서 지휘자 없이 교향곡을 연주할 수 없는 것과 마찬가지입니다. 스티브 잡스, 마크 저커버그, 일론 머스크 등과 같은 혁신의 아이콘이 없는 실리콘밸리를 상상할 수가 있을까요?

혁신 의지와 더불어 리더는 통찰력, 결단력, 실행력이 있는 인물이어야 합니다. 혁신은 미래를 대비하는 것이기에 통찰력이, 사활이 걸린 결정을 해야 하기에 결단력이, 어려운 과정을 지속적으로 수행을 해야 하기에 실행력이 필요한 것입니다. 어느 것 하나라도 부족하면 제대로 혁신을 수행할 수가 없습니다.

리더가 혁신의 선도자이긴 하지만 모든 것을 혼자서 할 수는 없습니다. 혁신을 원활히 수행하려면 뒷받침할 수 있는 제도와 실제로 업무를 맡아줄 인재들이 필요합니다.

> **Q** **혁신을 제대로 하기 위한 전제 조건은 무엇인가요?**
>
> ---
>
> ## '월드 클래스'로 도약하기 위하여
> ### 규율과 자율 사이에서

기업은 혁신을 이루기 위해 끊임없이 새로운 것에 도전하면서 장애물을 헤쳐 나가야만 합니다. 새로운 아이디어만 있다고 해서 그것이 곧바로 혁신적 결과물로 이어지는 것은 아닙니다. 물론 혁신으로 향하는 과정에서 쉬운 일은 없겠지만, 어떤 제도에서 움직이느냐에 따라 그 결과에도 영향을 미칩니다. 이번 글에서는 무엇이 혁신을 가능하게 하는 시스템인지, 무엇이 혁신의 가능성을 차단하는지 간단히 살펴보도록 하겠습니다.

대표적인 예로 포지티브 시스템positive system과 네거티브 시스템negative system을 들 수 있습니다. 포지티브 시스템은 허가받은 것만 할 수 있는 것이며, 네거티브 시스템은 금지된 것만 아니면 모두 허용하는 것입니다. 쉬운 예를 들어보겠습니다. 미국은 도로에 좌회전 '금지' 표지판만 없다면 아무 데서나 좌회전을 할 수 있습니다. 이것이 네거티브 시스템입니다. 반면에 우리나라는 좌회전 표지판이 '있는' 곳에서만 좌회전을 할 수 있습니다. 이것은 포지티브 시스템입니다. 행위자의 자율성 유무가 큰 차이입니다.

산업 발전을 위한 제도

기업이 뭔가 새로운 것을 시도하고자 할 때의 상황을 생각해보겠습니다. 미국에서는 기존에 법으로 금지해놓은 것이 아니면 모두 허용합니다. 일단 허용하고 나서 불합리한 점이 있거나 문제가 생긴다면 추후 그런 요소들을 규제할 방법을 찾습니다. 이와 같은 네거티브 시스템은 '자율'에 초점을 맞춘 방식입니다. 반대로 허가받은 것 외에는 모두 할 수 없게 하는 포지티브 시스템은 '규율'에 초점을 맞추고 있습니다.

- **포지티브 시스템:** 사전에 허가받은 것만 가능. 규율
- **네거티브 시스템:** 금지되지 않은 것은 모두 허용. 자율

대표적인 예로 미국의 '우버'와 우리나라의 '타다'를 비교해볼 수 있습니다. 미국에서는 '우버'가 등장했을 때 기존 택시 업계와 이익 충돌이 있더라도 사업을 펼쳐나갈 수 있었던 반면에 우리나라에서 '타다'는 서비스를 포기했습니다.

물론 포지티브 시스템과 네거티브 시스템 각각은 나름대로 장단점을 가지고 있으며, 무엇이 더 좋고 무엇이 더 나쁘다고 단정 지을 수는 없을 것입니다. 모두 자기 상황에 맞게 진행된 것이기 때문입니다.

그럼에도 불구하고 포지티브 시스템에서는 혁신의 속도가 느려질 수밖에 없습니다. 전 세계의 수많은 사람들이 새로운 아이디어와 기술을 만들어내고 있는데 새로운 산업과 관련된 법은 그 속도를 쫓아가지 못합니다. 극단적인 예를 들면, 포지티브 시스템에서는 어차피 내봐야 쓰지 못하게 하는 아이디어를 굳이 내려고 하지 않을 수도 있습니다. 법적으로 근거가 부족하다고 허가해주지 않는 상황에서 누가 끝까지 밀어붙일 만한 새로운 아이디어를 내놓을 수 있을까요?

뭔가 새로운 아이디어를 허가받으려 할 때도 문제입니다. 법이

새로운 아이디어나 기술이 나오는 속도에 발맞추지 못하니 관련 부서의 책임 소재가 불분명해질 수밖에 없고, 결국 서로 허가에 대한 책임을 전가하면서 핑퐁 게임을 하게 됩니다. 저는 이것이 현재 우리나라 산업의 발전을 가로막는 걸림돌 중 하나라고 생각합니다. 더 나아가 미래의 발전을 가로막는다고 말하는 것이 더 정확할지도 모르겠습니다.

벤처 기업이 굴러가려면 처음에 아이디어를 구현할 기술이 있어야 하고, 이를 자유롭게 선보일 시장이 있어야 하며, 그에 대한 보상이 있어야 합니다. 그런데 우리나라의 경우는 '타다'의 사례에서 보는 것처럼 포지티브 시스템에 막혀 더 이상 진전하지 못하는 것입니다.

새로운 인더스트리가 생기지 못하기 때문에 성장률은 물론 잠재적 성장률까지도 떨어지고 있을지도 모릅니다.

규율과 자율이 조화로운 조직

지금까지 말씀드린 것은 국가의 제도적 문제와도 관련이 있기 ~~때문에~~ 기업만의 노력으로 어떻게 해볼 수 없다는 생각이 들 수도 있을 것입니다. ~~그렇지만~~ 회사 내에서는 혁신을 계속해야 할 필요가 있습니다. 그렇다면 이런 포지티브 시스템과 네거티브 시스템을 적절하게 조직에 적용해보면 어떨까요?

저는 많은 경영자들이 회사 내의 팀과 부서에 이 두 시스템을 효율적으로 적용해야 한다고 생각합니다. 환경, 안전, 건강 등 규율이 필요한 부서는 포지티브 시스템을 적용하면서 꾸준히 개선점을 발굴하는 것이 필요합니다. 그 밖의 경우에 대해서는 단계적인 권한 위임을 통해서 조직의 문화가 자율성을 추구해나가는 것이지요.

조직 구성원들이 스스로 '실수할까 봐', '어차피 하지 말라고 할 테니까'라고 생각한다면 회사가 잘못된 방향으로 가고 있다는 증거입니다. 저는 어느 정도 레벨에 도달해서 '월드 클래스'로 가고자 하는 기업이 있다면 반드시 네거티브 시스템으로 가야만 한다고 생각합니다.

그렇다면 조직 내에서 네거티브 시스템을 어떻게 효과적으로 적용할 수 있을까요?

간단한 예를 들어보겠습니다. 최근 코로나19 사태로 많은 기업이 비대면 근무를 시행하고 있습니다. 비대면 근무 때는 자율성이 전보다 훨씬 중요해집니다. 만일 특정 부서의 목표가 정해져 있다면, 해당 부서장에게 근무 형태의 자율권이나 프로젝트의 확대·축소 여부에 대한 권한을 주어 구성원들이 눈치 보지 않고 일할 수 있도록 유도하는 것입니다. 그럼으로써 코로나19와 같은 위기 상황이 또다시 닥쳐도 문제없이 잘 돌아가는 네거티브 시스템을 사전에 훈련해볼 수 있습니다. 물론 결과에 대한 철저한 평가도 뒤따라야 하겠지요.

Q 인재를 어떻게 선발하고 알아보고 활용하는 것
이 좋을까요?

기존의 인재 프레임은 폐기하라

인재 선발

카피 시대, 패스트 팔로어 시대에는 자본도 리소스도 부족
했기 때문에 실수하지 않는 것이 중요했습니다. 빨리 추
격해야 하므로 실수를 하지 않고, 성실하고, 관리를 잘하는 사람
이 인정받는 시대였습니다. 현재 대다수 기업의 인사, 평가, 교
육 시스템은 그런 시대, 즉 산업화 시대에 맞는 최적화된 시스템
입니다. 그런데 세상이 갑자기 변해버렸습니다. 이제 기업들은
더 이상 카피할 것이 없는 상황이 되었습니다. 이른바 퍼스트 무

버first mover의 시대에는 카피 시대의 시스템을 변화시키지 않으면 더 이상 발전할 수가 없게 되었습니다. 바야흐로 자신이 스스로 길을 개척해나가야 하는 시대, 실수를 용납하지 않는 것이 아니라 의미 있는 실수라면 용납해야 하는 시대가 된 것입니다.

인재 선발을 위한 제안

과거에는 대기업 대부분이 공채 시험과 면접을 통해서 인재를 선발했습니다. 그룹 자체에서 공채를 하고 각 회사에 배분하는 방식이었지요. 조직이 점점 커지면서 계열사에서 자체로 수행하는 형식으로 바뀌었지만, 신입 교육은 다 같이 가서 연수를 받았으므로 크게 바뀐 것은 없는 셈이었습니다. 중소·중견 기업들도 이와 유사한 시스템을 가지고 있을 것입니다. 각종 성적표와 자격증을 보고, 기업 나름대로 시험을 보고, 기술 면접과 인성 면접 등을 모두 통과한 사람을 뽑아서 부서별로 배치하는 식이지요.

이런 인재 선발 시스템은 보편타당한 모범생만을 뽑는 데 초점이 맞춰져 있습니다. 모범생이 필요하지 않다는 뜻이 아니라 인재 선발에 있어서 기업들이 기존의 프레임에서 벗어나지 못하고 있다는 생각이 들 수밖에 없습니다. 앞으로 기업은 기존의 규격화된 인재 선발 시스템을 과감히 바꿔야 할 것입니다. 성실하고 공부 잘해서 명문대를 나온 인재를 선호하는 것 자체가 나쁘다는 것은 아니지만 이제 세상이 바뀌었으니 인재를 바라볼 때 다른 측면도 봐야 한다는 것입니다.

저 개인적으로는 기업이 자체적으로 시행하는 입사 시험은 미래 시대에 적합한 인재를 선발하는 데 적합하지 않다고 생각합니다. 시험은 지식이 많은 사람을 선발하기에 가장 좋은 구조입니다. 풍부한 지식은 분명 필요하지만, 단순히 기억을 많이 그리고 잘하는 사람이 미래 시대에 유능한 인재는 아닐 것입니다. 시험은 특정 지식이 있다는 결과만을 보는 것이지 그것을 획득하는 과정은 알 수가 없습니다. 지식을 얻기 위해서 어떤 생각을 했는지, 동료들과 어떤 관계를 맺었는지 등과 같은 과정도 중요한데 시험 결과 자체로는 그것을 알 수가 없습니다.

여러분이 리더라면 지식은 많지만 학창 시절에 친구들에게 노트도 보여주지 않으면서 자기 성적을 올리는 데만 급급했던 사람을 채용하시겠습니까? 현재의 지식보다 더 중요한 것은 미래의 지식을 쌓을 역량 유무를 보는 것입니다.

그런 면에서 앞으로 시험 점수보다 더 중요하게 봐야 할 것은 '추천서'와 '면접'입니다. 우리나라에서는 잘 활용되지 못하는 제도입니다. 먼저 추천서에 대해서는 그 신뢰도에 의구심을 가질 수도 있을 것입니다. 추천서가 실제 모습과 다르거나 단순히 "품행이 단정하고 노력을 열심히 하는 편이다."라는 식으로 형식적으로 작성되는 잘못된 관행도 문제였습니다. 추천서와 면접만으로 인재를 뽑을 때 이런 오류를 처음부터 바로잡을 수는 없을 것입니다. 그러나 만일 추천서의 내용이 과장됐거나 사실과 다르다는 것이 나중에라도 밝혀진다면, 기업은 그런 추천서를 써준 사람이 추천한 인력은 뽑지 않으면 됩니다. 이렇게 해서 서로 자정 기능을 가질 수 있을 것입니다. 또한 교수와 학생이 서로 대화를 할 기회가 많아지는 부수적인 효과도 있을 겁니다.

미국에서는 대학 교수의 추천서가 굉장히 중요한 역할을 하며, 교수 자신의 신뢰도를 좌우합니다. 교수는 추천서에 그 사람의 장단점을 솔직히 써주고 기업도 인재를 선발할 때 객관적 자료로 적극 활용합니다. 신뢰도가 보장된 추천서를 통해서 레퍼런스를 갖게 된 기업은 인성과 기술에 관한 면접을 더욱 깊이 있게 진행할 수 있게 됩니다.

저는 고등학교만 졸업했다 하더라도 독학을 했든 다른 어떤 경로를 거쳤든 그 사람이 가진 능력을 편견 없이 보는 것이 중요하다고 생각합니다. 미국에서 유학을 하고 세계적인 소프트웨어 과목을 공부했다고 해서 다 출중한 능력이 보장되는 것은 아닙니다.

신입사원뿐 아니라 경력사원도 마찬가지입니다. 경력사원이라면 당연히 그가 지금까지 어떤 이력을 쌓아왔는지 확인해야 합니다. 미국은 예전 직장 상사에게서 받은 추천서도 다음 직장에 입사할 때 큰 영향을 줍니다. 그 사람이 어떻게 일하는 사람인지, 해당 분야에서 정말로 뛰어난 능력을 보였는지 알 수 있는 가장 중요한 척도 중 하나이지요.

제가 생각하는 인사 시스템은 현재 통용되고 있는 인사 시스템보다 훨씬 시간도 많이 들고 어려울 수 있을 것입니다. 하지만 처음에는 힘들더라도 이런 방식이 2년, 3년 계속되면서 기업 특성에 맞는 나름의 데이터와 노하우가 축적되고 나면 훨씬 더 적합한 사람을 뽑게 될 것입니다.

실리콘밸리에서 공채로 사람을 뽑는다는 이야기를 저는 들어본 적이 없습니다. 면접을 통해서 개개인의 능력과 경험을 살펴보고, 또 입사 후에는 함께 공부하고 다른 한편으로는 경쟁하면서 서로 성장해나갑니다.

그런데 우리나라의 기업들은 여전히 모범생을 뽑아서 자신들이 정해놓은 틀에 맞게 집어넣으려 하고 있습니다. 이런 현실에서 특출한 사람이 나올 수 있을까요? 그러기는 어려울 것 같습니다. 우리는 언제 어디서 거대한 파도가 밀어닥칠지 예상하기 힘든 시대에 살고 있습니다. 거대한 파도에 휩쓸려가지 않으려면 인재, 평가, 교육 시스템을 총체적으로 개선해 나가지 않으면 안 될 것입니다.

인사 시스템의 프레임을 바꿔야

인재를 선발하는 주체에 대해서도 다시 생각해볼 필요가 있습니다. 대부분의 기업에서 인재를 선발하는 시스템을 보면, 인사팀이 모든 선발 과정을 통제하여 각 부서에 분배합니다. 그러다 보니 어떤 부서는 운이 좋아서 괜찮은 사람을 받고, 또 어떤 부서는 운이 나빠서 마음에 안 드는 사람을 받았다는 불만이 터져 나오곤 합니다. 뽑은 사람과 사용할 사람이 다르니 서로 불평만 많아지는 것이 당연합니다. 하지만 앞서 제안한 것처럼 추천서와 면접을 통해서 인재를 선발한다면 각 부서 실무자들이 선발 과정에 직접 참여해야 합니다. 예를 들어서 개발 부서에서 5명이 필요하다고 하면 인사팀에서 모집과 관련된 업무를 협조해주고 해당 부서에서 직접 뽑는 방식이지요.

남이 뽑아준 사람은 같이 일하더라도 사고만 안 나면 된다고 생각하지만 자기가 직접 뽑은 사람은 더 잘 키우려고 노력하기 마련입니다. 예를 들어 창조성의 필요조건인 호기심을 어떻게 하면 증진시킬 수 있을까요? 호기심이 없는 사람을 뽑아놓고 호기심을 가지라고 할 수는 없겠지요. 처음에 인재를 선발할 때 다양한 분야에서 경험을 쌓은 사람을 찾으려 노력한다면 충분히 가능하다고 생각합니다.

현재의 인사 시스템이라는 프레임 안에서 생각하면 저의 아이디어가 현실적으로 불가능하다고 생각될 수도 있습니다. 예를 들어 규모가 작은 회사에서 한두 명을 뽑는 것이면 상관없겠지만 대기업이나 중견 기업 규모에서 몇백 명을 뽑을 때는 효율적이지 않을 것이라는 지적이 나올 법합니다. 만일 그렇다면 공채를 하는 것이 아니라 수시로 필요에 따라 인재를 선발하면 됩니다. 1월에 1,000명을 한꺼번에 뽑아야 한다는 발상은 구식 패러다임일뿐더러 결과적으로 더 큰 비효율을 초래합니다. 사실 최근 들어 수시 채용 방식이 채택되고 있긴 하지만 아직도 추천서는 없는 방식이라 아쉬움이 있습니다.

제가 리더들에게 현재가 아닌 미래를 봐야 한다고 강조하는 이유는 여기에도 있습니다. 만일 어느 부서가 6월부터 사람이 필요하다면 1월부터 모집 등과 같은 준비를 해나가면 됩니다. 물론 실무자들이 직접 뽑는다고 해도 최소한의 기준은 있을 것이므로 인사팀은 인사팀대로 각 부서가 어떤 인재를 필요로 하는지 정보를 공유하면서 기존의 인재 풀을 활용하거나 헤드 헌터를 고용하여 후보 리스트를 만들어 각 부서에 제공해주는 것이지요.

사실 많은 기업들의 인사팀이 너무나 광범위한 역할을 하고 있습니다. 인사팀은 채용과 관련해서 온갖 업무를 다 하는데 실제로 각 부서의 매니저들은 채용과 관련해서는 손을 놓고 있는 것이나 마찬가지입니다. 그러나 각 부서와 인사팀 간의 상호 협조를 통해서, 즉 각자의 필요에 의해서 신중하게 사람을 뽑으면 신입사원을 두고 로또 볼 취급하듯 운이 좋네, 나쁘네 같은 얘기를 하지 않게 됩니다. 필요에 의해서 업무 분장을 하고 필요에 의해서 더 능력 있는 인재로 훈련시키는 것 또한 가능해질 것입니다. 아무런 노력도 하지 않은 채 팔짱만 끼고 있다가 인사팀에서 배치해주는 대로 받고 나서 불평하는 일도 사라지겠지요. 다음 글에서는 어떻게 하면 좋은 인재를 알아볼 수 있는지 설명하겠습니다.

Q 우리 조직에 적합한 인재인지 어떻게 알아볼 수
있습니까?

그 사람이 어떤 사람인지
어떻게 아는가?
옥석을 가려내는 법

지금까지 많은 경영자와 조직의 리더들을 만나면서 부하 직원이 어떻게 일하는 사람인지, 또 무엇을 보고 평가해야 하는지에 대한 질문도 많이 받았습니다. 사람을 평가하는 것은 정말 쉽지 않은 일입니다. 회의 시간에 프레젠테이션을 하거나 의견을 개진하는 방식을 통해서 직원을 평가하는 것에는 한계가 있습니다. 매주 정해진 시간에 준비된 자료를 갖다 놓고 얘기를 하는 것만으로는 그 사람을 제대로 파악한다고 볼 수 없습니다.

이미 포장된 상태에서 판단할 수밖에 없기 때문입니다. 또는 인사팀에서 가져다주는 평가를 보면 항상 애매모호한 표현이 많아 판단에 어려움이 있습니다. 예를 들면 "독단적이긴 하나 프로젝트에 대한 열정이 지나쳐 그렇다", "능력은 조금 부족하지만 누구보다 열심히 노력하고 있다" 같은 것들입니다. 여러분이라면 어떻게 판단하시겠습니까?

스스로 생각하게 하는 질문법

저는 회의를 자주 하지 않는 대신 부하 직원들과 간담회나 점심식사를 하면서 지금 하는 일에 어떤 문제가 있는지, 왜 그런지 등에 대해서 자연스럽게 의견을 청취하는 편입니다. 정해진 날, 정해진 시간에 부르는 것이 아니라 아무런 안건도 없이 그냥 맨몸으로 오게 하는 것이지요. 안건을 정하지 않았으니 당연히 자료도 없고 사전 회의도 있을 수가 없겠지요. 한 명일 때도 있고, 두 명일 때도 있고, 팀 전체일 때도 있습니다. 물론 저의 방식에도 나름대로 한계는 있겠지만 최소한 그 사람이 평소 자신의 업무에 대해 어떤 고민과 아이디어를 가지고 있는지, 어떤 성향을 가진 사람인지는 파악할 수 있었습니다.

예를 들어 팀장과 팀원을 함께 불렀을 때 팀원이 자신의 의견을 밝히려는데, 팀장이 "그게 아니잖아. 가만있어 봐. 제가 설명해드리겠습니다."라고 말하면서 팀원의 말을 가로막습니다. 이와 같은 빈도가 잦다면 그 팀장은 부하들의 언로를 차단하는 사람이라는 사실을 추측하고 향후 행동을 유심히 관찰해서 진면목을 알아보는 것입니다. 100% 확실하지는 않더라도 어떤 방식으로 일하는 사람이라는 것을 어느 정도는 알 수 있게 되는 것이지요.

임직원의 실력을 알아보는 좋은 방법은 질문을 해보고 답변을 들어보는 것입니다. 제가 미국에서 공부할 때는 한국과 달리 구두시험이 많았습니다. 어떻게 답변하느냐에 따라 다음 질문이 이어지므로 제대로 알고 있지 못하면 실력 부족이 드러날 수밖에 없는 것입니다. 좋은 리더는 좋은 질문을 던집니다. 좋은 선생님 밑에서 좋은 학생이 나오는 것은 당연한 이치일 것입니다. 어떤 조직의 구성원들이 수준에 못 미치거나 형편없는 사람들로 가득 차 있다면 그 조직의 리더가 바로 그렇기 때문입니다. 보는 눈이 없기 때문에 옥석을 가리지 못한다는 증거입니다.

그럼 어떻게 질문을 하는 것이 좋을까요? 제가 볼 때 낮은 수준의 질문은 "올해 매출 목표가 얼마지?", "어제 몇 개나 생산했지?"라고 묻는 것입니다. 우리가 흔히 접하는 회의 모습일지도 모릅니다. 필요한 질문이긴 하지만 거의 모든 질문이 그렇다면 문제가 있습니다. 이미 어딘가에 저장된 정보를 요구하는 질문은 썩 좋은 질문이 아닙니다. 기억력이 좋은 누군가는 대답하겠지만 또 다른 누군가는 대답하지 못할 수도 있겠지요. 대답하지 못한 사람은 야단을 맞거나 창피를 당할 것입니다. 이런 모습을 본 다른 직원들은 다음부터는 숫자 외우거나 자료를 만드는 데 많은 시간을 사용할 것입니다. 깨알같이 숫자를 적은 수첩을 들고 다니는 사람을 많이 보셨을 겁니다. 숫자 외우기의 달인이 가장 유능한 인재로 대우받는 것이 정상일까요?

반면에 좋은 질문은 대답하는 사람이 자기만의 논리를 가지고 있지 않으면 대답할 수 없습니다. 가령, "앞으로 무엇을 개발해야 시장 점유율을 높일 수 있을까?", "시장을 키우려면 어떻게 해야 할까?" "내년 시장 동향은 어떻게 변할까?" 같은 질문입니다. 이런 내용은 절대 단답형으로 대답할 수 없는 질문들이지요. 중요한 것은 단답형 대답이 아니라 상대방의 생각을 이끌어내는 질문을 던지는 것입니다. 상대방이 생각하게 하는 질문은 어렵지만 좋은 질문이지요.

이렇게 질문과 대답을 이어가다 보면 리더는 그가 문제에 어떤 방식으로 접근하는지, 체계적으로 하는지, 뭉뚱그려서 하는지 등등을 읽어낼 수 있습니다. 그 사람이 100% 좋은 인재가 될 거라고 단정할 수는 없겠지만 가능성이 보인다고 판단할 수 있게 되는 것입니다. 이와 더불어 1장에서 강조한 바와 같이 리더 또한 평소에 생각하는 시간을 많이 가져야 정곡을 찌르는 근본적 질문을 할 수 있다는 사실을 명심하시기 바랍니다.

직위는 단순하게, 직책은 필요에 맞게

우리나라 기업 인사 시스템에 존재하는 오래된 문제점 중 하나는 직위 체계가 너무 많고 복잡하다는 것입니다. 대리, 과장, 차장, 부장…. 거기다 이사, 상무, 전무, 부사장, 사장, 부회장, 회장…. 이런 체계를 자세히 들여다보면 직급과 직책이 혼재되어 있다는 것을 알 수 있습니다. 앞으로 이런 체계는 단순화되어야 한다고 생각합니다.

예전에는 부장이 실제 부서의 장으로서 존재할 수 있었습니다. 과(課)가 있었던 시절에는 과장이 있는 것이 이상하지 않았습니다. 그러나 오늘날의 조직에는 과장이나 부장이 아니라 과장급의, 부장급의 연륜이 됐다는 것 외에는 의미가 없습니다.

조직 구성원들의 입장에서도 이런 체계가 존재하는 한 과장 승진이 안 됐다는 이유로, 부장급 대우를 못 받는다는 이유로 불만을 품게 됩니다. 그러다 보니 불만을 달래준다고 밥을 먹네, 술

을 먹네 하는 쓸데없는 일들이 벌어지는 것입니다. 이런 문제를
어떻게 해결할 수 있을까요?

저는 이런 체제를 간단히 '실무급'과 '임원급'으로 나누면 된다
고 생각합니다. 실무급 안에서 직위는 두세 등급으로 나누고 직
책에 맞게 능력 있는 인재를 임명하면 됩니다. 책임과 권한에 맞
게 직책은 부여하되 임원급이 아닌 사원들은 주니어 사원과 시니
어 사원 정도로 나누면 충분할 것입니다. 임원급도 마찬가지라고
생각합니다. 직위는 단순하게, 그러나 직책은 필요에 맞게 정하
면 됩니다.

Q 미래의 리더를 키우기 위해서는 어떤 훈련 시스
템이 필요할까요?

바이올리니스트에서 지휘자로

교육 · 훈련 시스템

신 입사원은 신입사원 교육, 직급마다 직급별 교육, 상무·전
무 교육 등등 우리나라는 대기업, 중견 기업 할 것 없이
모든 기업이 교육 시스템에 상당히 많은 재원을 쏟아붓고 있습니
다. 하지만 안타깝게도 그 내용을 보면 대부분 구시대의 유물 같
아서 "이렇게 하면 성과가 나온다", "저렇게 해야 일을 잘할 수 있
다."라는 말들만 가득합니다. 한마디로 '모범생'이 되는 방법에만
초점이 맞춰져 있는 것이지요.

교육의 필요성으로만 따진다면 어쩌면 사장급이 교육을 가장 많이 받아야 할지도 모릅니다. 그런데 현실은 정반대입니다. 직급이 위로 올라갈수록 바쁘다는 핑계로 교육을 덜 받고, 신입사원으로 내려갈수록 교육을 더 많이 받습니다.

굳이 신입사원에게 조직이 어떻다느니, 리더십이 어떻다느니 하는 교육을 할 필요가 있을까요? 신입사원은 전공을 잘 살려서 일하게 하는 것으로 충분합니다. 굳이 한다면 인성 교육 정도는 더 필요할 수도 있겠습니다만, 그 이상까지는 필요치 않다고 생각합니다. 과장이나 차장급까지도 자신의 전문 분야를 계속 강화하는 방향으로 교육이 이루어지는 것이 좋습니다. 그런 다음 중견 간부급이 되면 인사나 예산에 대해서 감을 잡게 해주는 교육이 필요해질 것입니다. 부하 직원이 많아질수록 자신이 책임지고 있는 부서가 돈을 얼마나 쓰는지 정도는 알아야 할 테니까요.

제너럴 매니저로 키우는 교육 시스템

10~15년 정도 일해서 부장급 위치가 되면 앞으로 자기 전문 분야technical ladder로 계속 갈 것인지, 관리하는 방향management ladder 으로 갈 것인지 선택할 수 있게 해주어야 합니다. 만일 당사자

가 기술 부문에서 계속 전문성을 가져가겠다고 결정했다면 임원급이 되어도 30~40명 정도만 운용하게 하는 대신 그 분야의 대가master가 되도록 전문 교육을 받게 하면 됩니다. 한 분야에서 스페셜리스트specialist가 된 사람에게 300명을 관리하라고 하면 당연히 못 하겠지요. 반면에 관리와 경영으로 방향을 잡은 사람, 즉 제너럴리스트generalist에게는 전문 교육보다는 좀 더 다양한 방식으로 제너럴 매니지먼트general management가 가능하도록 교육하는 것이 좋습니다.

오케스트라 연주자에 비유하면 계속해서 바이올리니스트를 할지, 지휘자가 될지를 선택하는 것과 같습니다. 최고의 바이올리니스트라도 오케스트라 공연을 할 때는 지휘자의 지휘에 따라야 할 것입니다. 또한 최고의 바이올리니스트 경력이 있다고 해도 오케스트라 전체를 잘 지휘하기 위한 교육을 받지 않으면 좋은 지휘자가 될 수 없습니다. 그런데 많은 기업들이 관성적으로 스페셜리스트로서 오랫동안 일해온 사람에게 제너럴리스트가 해야 할 일까지 맡겨버립니다. 한마디로 직책은 제너럴리스트인데 지금까지의 경험은 스페셜리스트인 셈입니다.

그런 사람은 다른 부문의 직원들과 얘기하는 것도 싫어하고 지금까지 해왔던 일에만 신경을 씁니다. 자기 일만 하려고 하는 사람을 임원 자리에 앉히니 조직은 조직대로 관리가 안 되고, 그 사람은 그 사람대로 자기 일에서 손해를 보는 것입니다. 결국엔 회사에서도 그 사람을 내보낼 수밖에 없는 상황이 되고 마는 것이지요.

본격적으로 경영과 조직 관리 쪽으로 가려고 하는 사람에게는 외국어 교육을 비롯해 경영 전반에 대한 개념을 잡을 수 있도록 교육을 시켜줘야 합니다. 내부 관리뿐 아니라 해외 거래처를 만나서 협상도 해야 하므로 해외 경험도 쌓게 해주는 것이 좋습니다. 그런 다음 고위 임원이 되면 더욱 다양한 경험을 쌓을 수 있도록 보직 순환이 필요합니다. 개발만 계속하는 것이 아니라 제조도 해보고 영업도 해봐야 그 사람이 가진 능력을 더 잘 파악할 수 있다는 것이지요.

필요하다면 해외 MBA 교육도 받도록 해주면 좋을 것입니다. 이런 과정을 통해서 그가 최고 경영자가 될 자질이 있는 사람이라는 것이 판명 난다면 교육 훈련보다는 신규 사업부나 적자 사업부를 맡아서 운영하는 실전 경험을 쌓게 해줘야 합니다. 온실에서만 자란 화초가 아니라 야생에서도 살아남을 수 있도록 하는 것이지요. 책만 읽고 링 위에 오르는 권투 선수는 없습니다. 주먹이 어디서 어떻게 날아오는지는 직접 부딪쳐서 싸워봐야 알게 됩니다. 그런 실전 경험이 없이는 피하는 법도, 반격하는 법도 제대로 습득할 수 없습니다.

> Q 혁신을 실패 없이 달성하려면 어떻게 해야 할까
> 요?

썩은 사과는 당장 골라내라
혁신의 기본 스텝

혁신을 어떻게 시작해야 할까요? 혁신할 분야의 우선순위를 정하고 추진하려는 분야의 목표를 설정하는 것이 첫 번째 해야 할 일입니다. 모든 분야를 동시다발적으로 진행하는 것은 어려울 뿐만 아니라 실패할 확률도 높습니다. 여러 가지 지병을 앓고 있는 환자를 한 번에 다 치료할 수 없는 것과 같은 이치입니다. 혁신의 목표는 명확해야 하고 높아야 하지만, 왜 해야 하는지와 달성 가능하다는 것을 사전에 구성원과 공유해야 성공할 수 있습니다. 혁신을 '깜짝 쇼' 하듯이 갑자기 발표하고 추진하는 사람이 있습니다. 그렇게 하면 조직 내에서 혼란만 생기고 일이 제대로 진행될 수가 없습니다. 이런 경우가 잦아지면 혁신은 실패라는 인식이 생기고, 누구도 참여하려 하지 않을 뿐 아니라 '안 되는 이유'를 찾기만 합니다. 따라서 혁신을 시작할 때는 성공할 확률이 높은 것부터 하는 것이 타당할 것입니다.

혁신에도 우선순위가 있다

목표를 정할 때는 양보다 질에 집중해야 합니다. 양적 목표는 시간과 돈으로 해결될 수 있지만, 질적 목표는 실력이 없으면 성취할 수 없기 때문입니다. 그다음으로 해야 할 일은 목표를 제대로 수행하기 위한 조직으로 재구성하고 각 업무에 필요한 인재를 적재적소에 배치하여 구체적인 방법을 찾아내는 것입니다.

우선순위는 혁신의 성과가 상대적으로 빨리 나타나는 순서로 정하는 것이 좋습니다. 내부에서 모든 것을 통제할 수 있어 빠르게 성과를 낼 수 있는 분야가 최우선이고, 내부에서 통제할 수 있지만 시간이 걸리는 분야가 다음이며, 마지막으로는 내부에서 통제할 수 없고 외부의 호응과 협력이 필요한 분야입니다.

1순위: 내부에서 전적으로 통제 가능

2순위: 내부에서 통제 가능하나 시간 소요

3순위: 외부의 호응과 협력 필요

혁신은 장기적인 과제이긴 하지만 단기적으로도 작은 성과를 보여주어야 구성원이 안심하고 지속적으로 추진할 수 있습니다. "이 혁신 과제가 끝나면 10년 후부터 성과가 나온다."라고 하면 누가 적극적으로 참여하겠습니까? 그런 관점이라면 제조 분야, 개발 분야, 영업 분야의 순서로 혁신 과제를 수행하는 것이 좋을 것입니다. 물론 회사 내에 충분한 자원이 있고 변화를 감당할 만한 문화가 있다면 동시에 수행해도 됩니다.

혁신을 추진할 인재 선발은 진화론의 적자생존survival of the fittest 원칙을 참조하면 됩니다. 주어진 환경에 적응하지 못한 개체는 도태되는 것이지요. 자연에서는 자연 선택에 의하여 적자생존이 이루어지지만 조직에서는 인위적인 선택에 의하여 혁신을 이루어갑니다.

이 과정은 적자생존의 반대 지점에서 나쁜 것만 없애는 방향re-moval of the worst으로 진행되어야 합니다. 혁신의 방향과 맞지 않는 사람은 일시적 제거 대상입니다. 여기서 제거라는 의미는 회사 퇴출을 말하는 것이 아니라 혁신을 하려는 부문에서 잠시 물러나 있게 한다는 것입니다. 그들이 일부러 혁신을 방해하려는 의도는 없겠지만 그동안의 관행에만 집착하는 행동으로 혁신의 걸림돌이 되기 때문입니다. 냉정하게 들릴 수도 있겠지만 이것이 조직의 기본적인 운영 원리입니다. 상자 안에 썩은 사과가 있다면 다른 사과도 같이 썩어버리기 전에 최대한 신속하게 솎아내야 하는 것과 같은 이치입니다.

크고 복잡한 제조 부문 혁신 사례

다음은 제조 부문을 혁신하는 방법입니다. 목표를 설정할 때는 앞서 언급했던 것처럼 양보다 질을 우선해야 합니다. 제가 관찰한 대부분의 제조 업체는 양 중심으로 하다 보니 총생산량 또는 시간당 생산량을 목표로 삼는 경우가 많았습니다. 이 경우 제일 먼저 생각하는 것이 공장 자동화입니다. 단순히 인건비를 절감하고 생산 효율을 위한 자동화는 양적 목표를 추구하는 것과 같으므로 혁신이라고 말할 수 없습니다. 자동화를 통해 얻은 정보를 바탕으로 부가가치를 향상할 수 있는 시스템을 구축할 때만 의미가 있는 것입니다.

저는 제조 부문이 추구해야 할 목표는 질적 항목인 수율(투입한 인풋과 양품으로 생산된 아웃풋의 비율)과 TAT Turn-Around-Time(원부자재를 투입해서 제품이 나올 때까지 걸리는 시간)가 무엇보다 중요하다고 생각합니다. 수율이 높을수록 낭비가 없어져 원가가 대폭 절감되고 품질 수준도 대폭 개선됩니다. 공기가 짧아지면 짧아질수록 재공Work In Process과 재고Stock 부담이 엄청나게 경감됩니다. 만약 어떤 제품의 공기가 1개월이고 라인에 깔려 있는 원부자재 원가가 100억 원일 때, 공기를 반으로 줄인다면 50억 원이란 금액을 절약하는 것과 같습니다. 꿈같은 일이지만 수율이 100%가 된다면 불량 및 성능 테스트나 품질 검사도 할 필요가 없고, 공기가 짧으면 미리 생산할 필요 없이 시장에서 요구할 때 생산을 시작해도 될 수도 있습니다. 물론 현실적으로 불가능하겠지요. 과거 실적치가 기준이 아니라 이론치에 근접한 목표치를 정해야 획기적인 아이디어를 도출해낼 수 있습니다. 물론 목표를 달성하는 데 필요한 방법과 조직을 먼저 만들어야겠지요.

제조 라인은 실수나 사고 없이 생산을 해야 한다는 철칙 때문에 회사 내의 어떤 부서보다 폐쇄적이고 상명하복 스타일의 조직이 되기 쉽습니다. 운영도 아무나 할 수 없고 상당한 경험이 필요해서 다른 사람으로 쉽게 대체하기도 힘듭니다. 특별한 기술이 필요하다는 명목하에 오랫동안 한 부서에서 자신들이 구축해온 방식으로만 일하려 하기 때문에 다른 사람의 조언을 들으려 하지 않으니 변화시키기가 가장 어려운 부서입니다. 그야말로 자신들만의 사일로를 만들고 왕국을 건설하는 셈이지요. 사장이 무엇을 고치라고 지시해도 겁을 주듯이 "사장님이 잘 모르셔서 그러는데, 그렇게 하면 사고가 날 수도 있고 생산량에 차질이 발생할 수도 있습니다."라고 하면서 변화를 거부하는 일도 있습니다. 혁신을 하면 효과가 가장 빨리 나올 부문인데 가장 바꾸기 힘든 문화를 가지고 있는 곳이기도 합니다. 아이러니한 일이지요.

사업 규모가 커지면 제조 라인은 숫자도 많아지고 해외를 포함해 여러 지역으로 분산되기도 합니다. 제조 부서 내에서도 라인마다 사일로가 생기기 시작합니다. 각각의 라인이 비슷하게 운영되는 것 같지만 제 나름의 방식으로 운영되어 또 다른 부분 최적화가 진행되면서 전체적으로는 비효율이 발생하게 됩니다. 좋은 의미로 선의의 경쟁을 한다고는 하지만 잃는 것이 점점 더 많아지게 됩니다.

이처럼 규모가 커질 때 바람직한 운영은 조직을 매트릭스matrix(기능과 운영에 따라 이원화하는 체계로 보고해야 할 상사가 여러 명이 되는 조직) 형태가 되는 것이 좋습니다. 선진국에서는 많이 사용되는 조직 운영 방법이지만 우리나라에서는 보고 체계가 단순해야 잘할 수 있다는 산업화 시대의 잔재가 아직도 남아 있어 적용하는 회사가 그리 많지 않습니다. 그러나 이는 규모가 커져서 복잡해진 제조 라인을 효율적으로 운영하고, 최고의 인재를 적재적소에 활용하는 데 제일 좋은 방법이라고 할 수 있습니다. 그렇게 하려면 수십 년간 유지되었던 조직도를 재구성해야 합니다. 많은 이해 당사자들이 반발할 것은 뻔한 일입니다. 그래서 리더의 확고한 의지가 없으면 강력하게 추진할 수가 없는 것입니다.

신속 정확한 주치의 시스템

반도체 사업부를 맡고 난 후 저는 제조 라인 조직을 매트릭스 형태로 바꾸고 필요한 조직도를 신설하는 등 수십 년간 운영되던 시스템을 바꾸었습니다. 각 조직의 R&R(역할과 책임Role and Responsibility)도 명확하게 정하고 시작했습니다. 앞서 말한 대로 안 된다고 반발하는 기존 임원들은 배제하고 새롭게 해보겠다는 임원으로 시작했습니다. 거의 모두 처음 해보는 임무였지만 목표를 공유했고, 그렇게 하지 않으면 미래 성장이 없다는 사실을 공유했기 때문에 각자가 생각해낼 수 있는 아이디어를 모두 쏟아 넣었습니다. 초기 몇 개월의 적응 기간을 거친 뒤 조금씩 눈에 보이는 성과를 계속 내면서 초격차의 발판을 마련했던 것입니다. 고통 없이 이루어지는 것은 없습니다.

제조 라인에서는 여러 유형의 불량이 발생하거나 수율이 낮아 충분한 생산을 하지 못하는 경우가 많습니다. 통상 불량품은 테스트로 걸러내지만 규모가 커지면 대형 사고로 연결될 때도 있습니다. 이런 경우 제조 관련 부서를 비롯해 품질팀과 개발팀도 참석해서 대책 회의를 하는 것이 일반적입니다. 원인을 확실히 알 수 없으니 자기 부서가 원인 제공자가 아니라는 근거만 제시하면서 핑퐁 게임을 하게 됩니다. 부서 간의 갈등만 커지고 해결도 되지 않은 채 시간만 흘러갑니다. 하부 조직에서 해결이 안 되면 사장까지 참석하는 회의로 확대되기도 하지만 결과는 비슷합니다. 오히려 사장이 주재하는 회의라 문제를 빨리 해결해야 할 실무자들이 회의실에만 앉아 있는 우스운 일이 벌어지기도 합니다.

일상생활에서도 그런 일을 종종 겪을 때가 있습니다. 몸이 아파서 병원에 가면 의사들이 계속 다른 과로 가보라고 하는 경험을 해보았을 겁니다. 언젠가는 치료되겠지만 오랫동안 많은 고통을 겪게 됩니다. 선진국에서는 가정 주치의 제도가 활성화되어 있습니다. 가족이 아프면 주치의가 우선 검진을 하여 원인을 파악해 적합한 전문의에게 치료를 받게 하지요. 물론 주치의의 1차 판단이 완벽하지 않아도 병원에서 우왕좌왕하는 것은 피할 수 있으니 빨리 치료할 수 있습니다. 제가 이런 가정 주치의 제도에서 차용한 방법을 제조 라인에 구축한 예를 소개하겠습니다.

저는 제조 라인에서 수율을 대폭 개선하기 위해 불량 발생의 원인이 무엇인지 분석하고 통솔할 수 있는 조직을 만들었습니다. 말하자면 라인의 주치의인 셈입니다. 주치의가 직접 치료는 하지 않듯이 그 조직 자체적으로 문제점을 해결하는 것이 아니라 진단만 하고 관련 부서에 알려주는 것입니다. 물론 처음에는 완벽하게 원인 파악을 하는 것이 서툴렀지만 경험이 축적되면서 어디가 불량인지 발견해내는 능력이 점차 향상되었습니다. 그럼 어떤 분석 방법을 사용했을까요? 불량이 발생하는 원인은 크게 3가지로 분류됩니다.

- 설계성 불량 parametric defect
- 장비성 불량 systematic defect
- 비정형성 불량 random defect

설계성 불량은 사람이 근본 원인을 제공한 경우입니다. 이는 처음부터 설계를 제대로 하지 못해 허용 범위margin/tolerance를 벗어났거나, 장비의 공정 조건을 잘못 설정해 특정 장비에서 불량이 나오는 것으로 모두 사람이 잘못한 것이 원인입니다. 장비성 불량은 장비나 인프라의 노후화 혹은 오동작 때문에 발생하는 유형으로 장비나 인프라 자체의 문제입니다. 이 2가지 불량은 데이터를 분석해

보면 일정한 패턴을 보이기 때문에 설계를 다시 하거나 특정 장비의 공정 조건을 바꾸어주어야 합니다. 비정형성 불량은 그야말로 원인 파악이 힘들고 어떠한 특정 패턴도 발생 시점도 알 수 없는 것입니다. 사람의 병으로 비유하면 설계성 불량은 유전이나 생활 습관으로 생긴 병을 의미하고, 장비성 불량은 병균이나 사고에 의한 병이고, 비정형성 불량은 원인 불명인 병이라고 보면 됩니다.

불량이 발생하면 우선 3가지 유형 중 어떤 것인지 판단하고 원인 제공의 가능성이 큰 해당 부서에 알려주어 해결책을 찾게 합니다. 모든 부서가 매번 모여 회의를 하는 것보다 해결하는 데 시간도 절약되고 부서 간 갈등도 줄어들게 되는 것입니다. 이런 경험이 축적되면 불량을 분석하는 속도도 빠르고 수율도 획기적으로 좋아지게 됩니다. 이러한 방법 역시 '초격차' 달성에 많은 공헌을 했습니다.

저는 제가 경험한 것을 토대로 내부에서 거의 모든 것을 통제할 수 있는 제조 부서의 혁신을 예로 들었지만 다른 부서에서도 이와 같은 절차를 참고하여 일하면 소기의 성과를 거둘 수 있을 것입니다. 우선순위를 정하고, 목표를 설정한 후 필요한 조직을 만들고, 인재를 배치하고, 방법을 만들어나가면 됩니다.

마중물을 넣는 사람은 리더자신
통찰력을 기르는 법

경영자들을 만났을 때 자주 접했던 질문이 있습니다. "어떻게 하면 통찰력을 키울 수 있느냐?"는 것입니다. 미래 계획을 세울 때 어려움을 겪었거나, 추진했던 사업 계획이 실제 결과와 상당한 차이가 났던 경험 때문이라고 추측합니다. 회사의 미래를 대비하는 것은 리더의 의무이고 그것을 잘하려면 통찰력이 있어야 합니다.

우리나라 산업사에서 최고의 통찰력을 보여준 사례는 이병철 회장이 시작한 메모리 반도체 사업일 것입니다. 그것은 단순히 사업 확장을 위한 것이 아니라 미래에는 반도체가 산업의 핵심이 될 것이라는 통찰에 기반한 것이었습니다. 당시 전문가 대부분이 성공하지 못하리라고 예측했지만, 예상을 뒤엎고 우리나라 경제의 중추 산업이 되었고 삼성은 세계 메모리 산업의 최고가 되었습니다. 우리나라에서 질적·양적으로 세계에서 초격차를 이룬 유일한 산업이 된 것입니다.

생각하는 연습이 필요한 이유

통찰력은 지식이 많다고 생기는 것도 아니고, 지식이 부족한 상태에서 이런저런 경험만 쌓는다고 생기는 것도 아닙니다. 지식과 경험 모두 필요합니다. 외부와 접촉하지 않고 단지 수천 권의 책을 읽었다고 통찰력이 생길까요? 통찰력은 미래를 예측하고 대비하는 능력입니다. 항상 정확히 맞출 수는 없지만 노력하면 향상될 수 있을 것입니다. 이를 위해서는 우선 세상의 트렌드를 파악해야겠지요. 그 방법은 다양한 분야의 책을 많이 읽고 전문가들을 만나 이야기를 들어보는 것입니다. 직접 해보지 못한 경험을 간접적으로 배우는 것이지요. 자기와 다른 관점에서 생각하는 사람, 자기보다 더 깊은 지식을 가진 사람들을 만나면서 생각의 범위를 확장해나가야 합니다.

전문가를 만나러 갈 때는 그 사람이 어떤 사람인지 예습을 하고 가는 것이 기본입니다. 어느 분야에서 전문성이 있고, 관심이 어디에 있는지 알아봐야겠지요. 쓴 책이 있다면 읽어봐야 하고, 짤막한 기고문이나 칼럼 등도 그 사람을 사전에 이해하는 데 도움이 될 것입니다. 이렇게 해서 만남이 이루어지면 서로 생각을 공유하면서 다른 쪽으로도 호기심이 생기고 더 다양한 지식을 얻습니다. 이때는 미리 질문을 준비하는 것이 좋습니다. 내가 무엇을 원하는지도 모르는데 알아서 모든 것을 이야기해주는 사람은 없습니다. 질문하는 만큼 얻게 되는 것입니다. 만남이 또 다른 만남으로 이어지기도 하고 대화 중에 나왔던 주제의 다른 전문가를 소개받을 수도 있습니다. 경영자의 스펙트럼은 이와 같은 방식을 통해서 점점 넓어지는 것입니다.

만일 아무런 준비도 없이 어떤 전문가를 만나면 둘 사이의 대화는 그저 깊이 없이 진행되는 잡담 수준이 될지도 모릅니다. 서로 시간 낭비를 하게 되는 셈이지요. 결국 자신에게 조언을 해줄 누군가를 만나는 것도 불가능해지는 셈입니다. 바로 이것이 우리나라 대다수 기업의 경영자들이 봉착해 있는 문제입니다. 현업 외에는 신경을 쓸 여유가 없습니다. 제가 주선해서 미팅을 하는 경우에도 10~20분 정도 이야기하면 더 이상 유의미한 대화가 이어지질 않았습니다. 다시 만날 이유가 없어지는 것입니다.

펌프에 마중물을 넣는 사람은 경영자 자신이어야 합니다. 나에게 조언을 해줄 사람에게 마중물까지 넣어달라고 할 수는 없습니다. 그들에게는 아쉬울 것이 없습니다. 또한 누구나 자기만의 견해가 있고, 조직의 체계와 일하는 방식이 제각각이기 때문에 자기 자신에게 필요한 레퍼런스가 무엇인지 취사선택해야 합니다.

그러나 이것만으로 통찰력이 생기는 것은 아닙니다. 요리하기 위한 재료를 준비했다고 보면 됩니다. 그 후에 자신의 지식, 직간접으로 얻은 경험을 바탕으로 자신만의 방법을 찾아야 합니다. 요리사가 자기만의 레시피를 찾기 위해 연습하듯이 통찰력을 키우려면 생각하는 연습이 필요한 것입니다.

4차 산업혁명 이후를 생각해보는 연습

그렇다면 어떻게 생각하는 연습을 해볼 수 있을까요? 제가 이공계 출신으로서 교육받은 것을 경영에 활용한 사례를 소개하겠습니다. 이공계 교육은 다음 2가지 원리를 기본으로 한다고 생각합니다. 환원주의reductionism와 미니멀리즘minimalism(예술에서 사용되는 용어를 차용)입니다. 환원주의는 복잡한 현상을 작은 요소로 쪼개서 각각을 이해하면 전체를 이해할 수 있다는 개념입니다. 모든 현상을 그렇게 설명할 수는 없지만 굉장히 논리적으로 분석하는 방법입니다. 《초격차》에서 언급했던 '시프트 프런트shift front', '시프트 레프트shift left'처럼 근본 원인root-cause을 찾아가는 과정도 일종의 환원주의적 방법론이라고 볼 수 있습니다.

미니멀리즘은 현상이나 사물을 설명하거나 표현할 때 군더더기는 빼고 핵심만 추려내는 것입니다. 논문의 초록abstract과 같습니다. 오컴의 면도날Ockham's Razor이나 생텍쥐페리의 명언인 "완벽하다는 건 무엇 하나 덧붙일 수 없는 상태가 아니라, 더 이상 뺄 것이 없을 때 이루어지는 것이다." 모두 미니멀리즘과 일맥상통하는 말입니다. 과학에 지대한 영향을 준 뉴턴의 만유인력 법칙, 아인슈타인의 상대성 원리, 맥스웰의 전자기 방정식 등 수많은 자연 현상을 간단한 수식으로 표현한 것은 미니멀리즘의 극치極致라 할 만합니다.

환원주의와 미니멀리즘을 근거로 과거 산업혁명의 핵심을 알아보고 4차 산업혁명 이후의 트렌드를 예상해보는 연습을 해보겠습니다.

"4차 산업혁명 이후의 화두는 무엇일까요?" 제가 회사의 기술진들에게 던진 질문입니다. 4차 산업혁명도 중요하지만 그 이후도 미리 고민해보자는 취지였습니다.

인류는 농업혁명 이후에도 수천 년 이상 인간과 가축의 힘, 즉 유기체로부터 동력원을 얻었습니다. 유기체에서 얻을 수 있는 동력은 양과 질에서 한계가 있습니다. 노예와 가축이 아무리 많더라도 일을 시키려면 식량이 필요하고, 날씨와 같은 자연환경에도 영향을 받다 보니 문제가 많았습니다. 그러한 연유로 농업혁명 이후 산업혁명 전까지 생산성 향상이 거의 없었습니다. 학자들의 연구에 의하면 수천 년 동안 인류의 생활 수준은 큰 차이가 없었다고 합니다.

18세기에 시작된 1차 산업혁명의 상징은 증기기관입니다. 무기물인 석탄을 이용한 증기기관, 즉 인공 동력 기관은 유기체보다 월등하게 우수한 동력을 제공할 수 있게 되었습니다. 이런 동력원을 이용해 방적기, 증기 기관차, 증기선 등 수많은 발명품이 탄생했고 생산성이 획기적으로 증가하기 시작한 것입니다. 따라서 환원주의에 입각해 1차 산업혁명의 영향 요소를 분석해 한마디로 정리하면, 1차 산업혁명의 핵심 단어key word는 '파워Power'입니다.

19세기 말부터 20세기 초까지는 각 분야에 천재들이 등장한 그야말로 과학의 전성기였습니다. 물리학, 화학, 전자기학, 기계산업의 기초가 형성되었습니다. 전자기학 덕분으로 무선 전신기,

전화기, 전등, 라디오, 텔레비전, 세탁기 등 현재 우리가 사용하는 대부분의 전기 제품을 만들 수 있는 기초가 마련되었습니다. 화학의 발전으로 정유, 농약, 플라스틱도 개발되었고 기계 산업의 꽃인 내연기관 자동차도 발명되었습니다. 인류 역사상 가장 많은 발명품이 쏟아져 나온 시기입니다. 그러한 발명품이 탄생한 이론을 제공한 것은 과학 기술이지만 실제 동인은 원유의 발견과 전기의 발명이었습니다. 새로운 에너지원을 찾아낸 것입니다. 이로써 2차 산업혁명의 핵심 단어는 '에너지Energy'가 됩니다.

2차 세계 대전을 거치면서 통신 기술과 정보 기술이 급속도로 발전하게 됩니다. 컴퓨터는 군대와 대기업에서만 사용되었지만 1980년대 초반 PC의 발명으로 개인도 가정에서 컴퓨터를 사용할 수 있게 되었습니다. 더욱이 인터넷의 발명으로 장소에 구애받지 않고 정보에 접근할 수도 있게 되었습니다. 휴대폰의 보급으로 어느 장소, 어느 시간에서도 정보를 얻을 수 있게 됩니다. 시공간의 제한 없이 정보 검색과 데이터 처리 등이 가능하게 된 것입니다. 많은 전문가들이 3차 산업혁명을 정보 혁명의 시대라고 명명했지만, 더 정확히 이야기하면 '디지털 기술 혁명'이라고 보면 됩니다. 디지털 기술 덕분으로 모든 정보가 통합되었습니다. 과거에는 활자, 소리, 그림 등 모든 정보가 제각각 처리되었으나 디지털 기술 덕분으로 한꺼번에 처리되면서 데이터 생성이 폭증하게 됩니다. 따라서 3차 산업혁명의 핵심 단어는 '디지털Digital'입니다.

PC와 스마트폰을 비롯한 사물인터넷 기기와 다양한 센서의 발전에 힘입어 데이터는 양과 종류가 폭발적으로 증가하고 있습니다. 컴퓨터가 처리하기에 많은 시간이 걸렸던 비정형 데이터도 자연어 처리, 음성 인식, 이미지 인식 등과 같은 인공지능 기술 발달에 힘입어 분석이 가능해졌습니다. 인간 고유의 지적 능력이라고 여겨지던 추론, 학습, 판단도 컴퓨터가 대신할 수 있게 된 것입니다. '알파고'가 이세돌을 완파한 쇼크를 여러분도 기억하실 겁니다.

데이터의 종류와 양이 폭증함에 따라 이를 뒷받침하는 정보통신기술ICT, Information and Communication Technology의 발전으로 클라우드 서비스와 광대역 통신망인 5G가 활성화되면서 생성된 데이터가 빠르게 전달되고 수집되고 활용되는 시기를 맞아 새로운 개념의 사업 모델이 생겨났습니다. 이렇게 4차 산업혁명 시대에 언급되는 인공지능, 빅데이터, 클라우드, 사물인터넷, 블록체인, 5G 등을 관통하는 공통점은 무엇일까요? 데이터입니다. 그래서 4차 산업혁명의 핵심 단어는 '데이터Data'라 할 수 있습니다.

새로운 시대의 키워드

이처럼 파워, 에너지, 디지털, 데이터가 각 산업혁명의 핵심 단어라면 다음 혁명의 키워드는 무엇이 될까요? 정답은 아무도 모릅니다. 독자 여러분도 생각해보십시오.

앞서 얻은 핵심 단어 4개는 모두 인간을 편하게 해주는 역할을 했지만 인간이 주연은 아니었습니다. 저는 앞으로 다가올 새로운 시대의 중요한 키워드는 바로 '인간human'이라고 생각합니다. 이제 인간이 주연이 되어야 할 시대입니다. 인간이라는 키워드를 놓고 인간의 일상을 분석해보면 아래와 같이 정리할 수 있습니다.

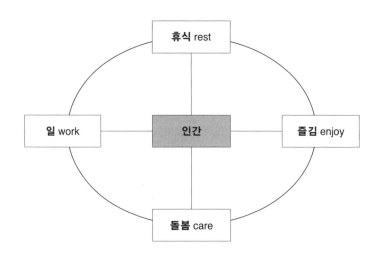

4차 산업혁명 이후, 새로운 시대의 새로운 키워드, '인간'.

일하고 휴식하고 즐기고 자식들과 반려동물을 돌보기도 합니다.

어떤 기업은 휴식과 즐김에 초점을 맞춰서 음악이나 영화, 게임 관련 비즈니스를 떠올려볼 수 있을 테고, 또 어떤 기업은 돌봄이라는 요소에 주목해서 반려동물과 관련된 비즈니스를 추진해볼 수도 있을 것입니다.

이와 같은 분석을 이용하면 미래에 인간이 가장 중요하게 여기고 시간적·금전적으로 많은 투자를 하는 분야는 건강health, 교육education, 안전safety, 보안security, 사생활privacy 보호 등이 될 것입니다.

물론 제가 제안하는 것들이 정답이라고 할 수는 없습니다. 단지 오늘날 경영자들이 생각하는 연습을 통해서 내부 지향적이기보다는 외부 지향적으로, 과거와 현재에 초점을 맞추기보다는 미래 가능성에 초점을 맞추어 통찰하는 힘을 기르는 법을 제안하는 것이라고 이해해주시면 좋겠습니다.

무엇보다도 여러분 자신만의 버전을 만드는 것이 가장 중요하겠지요.

Q 사업을 시작하기 전에 무엇을 최우선으로 고려
해야 할까요?

사업의 미래를 결정하는
3가지 기준
성장성, 발전성, 확장성

스타트업 창업자들이나 전문 경영인을 만날 때 자주 나오는 질문은 "결정을 내릴 때 어떤 것을 최우선으로 고려해야 하는지?", "어떤 사업을 해야 할지 또는 하지 말아야 할지?", "어떤 기술을 선택하는 기준이 있는지?" 등입니다. 사실 어떤 사업이나 기술을 선정해 성공시키기도 어렵지만 수행하던 사업이나 기술을 포기하는 것은 더더욱 어려운 일입니다.

이 글에서는 그동안 제가 직접 경험했고 과거에 선배들이 만

들어놓은 결과물을 바탕으로 세워놓은 제 나름의 기준을 소개하고자 합니다. 완벽하지는 않더라도 경영을 할 때 많은 도움이 된 것입니다. 우선 해당 기술이나 아이디어가 다음과 같은 조건을 만족하는지 확인하는 것입니다.

- 시장 성장성 market growth
- 발전성 room for further progress
- 확장성 expandability

시장 성장성

가장 먼저 고려해야 할 것은 '시장 성장성'입니다. 시장 성장성이란 검토하는 기술이나 사업이 시장에서 계속 성장할 여지가 있는지를 따져보는 것입니다. 모든 기술이나 사업은 성장기, 정체기를 거쳐 쇠퇴기에 들어섭니다. 특별히 전략상 이유가 없다면 정체기나 쇠퇴기에 있는 사업에 뛰어들지 않겠지요.

시장 성장성에 관한 과거의 사례를 들어보겠습니다. 과거 이병철 회장이 메모리 반도체 사업을 하겠다고 선언한 후 내부적으로 어떤 메모리 사업을 할지 검토를 많이 한 것으로 알고 있습니다. 그 당시 시장에서 사용되는 메모리는 DRAM, SRAM, NOR, EEPROM, Mask ROM 등 여러 가지 종류가 있었습니다. 지금은

DRAM 시장 규모가 월등히 크지만 당시에는 큰 차이가 없었습니다. DRAM을 주력으로 결정한 것은 탁월한 선택이었습니다. 시장 성장성 측면에서 DRAM이 다른 메모리에 비해 압도적이었기 때문입니다. 그 후 삼성은 DRAM에 집중하면서 메모리 반도체 최강의 자리로 올라서게 됩니다. 만약 그때 다른 메모리를 주력으로 했다면 지금과 같은 위치에 오지 못했을지도 모릅니다.

시장 성장성에 근거해 결정을 내려 성공한 또 다른 사례도 있습니다. 지금은 거의 볼 수 없지만 캠코더는 1990년대만 해도 귀한 전자 제품이었습니다. 소니를 비롯한 일본 기업들의 독무대였습니다. 그 때문에 삼성 역시 필수 부품인 센서 CCD Charge Coupled Device를 경쟁사인 소니에게 의존할 수밖에 없었습니다. 생산량도 제품 성능도 모두 경쟁사에 의존하니 사업을 제대로 할 수가 없었지요. 그래서 반도체에서 CCD 개발팀을 구성하고 개발은 했지만 기술의 차이를 극복할 수가 없었습니다.

제가 CCD 사업을 맡은 후 검토해보니 우리의 경쟁력도 형편없었지만 향후 모바일 시대에는 적합한 기술이 아니라는 판단도 들었습니다. 고전압에 전력 소비가 컸기 때문에 특수 시장은 있겠지만 '시장 성장성'은 작다고 판단했던 것입니다. 그 후 저는 개발 인력을 신기술인 CIS CMOS Image Sensor에 집중했고, 삼성은 이미지 센서 세계 2위의 생산 업체가 되었습니다. 미래에 성장이 기대되지 않는 곳에 자원을 투입하는 회사는 없겠지요.

시장 성장성이 없는 사업이 있다면 과감하게 포기하고 다른 사업이나 프로젝트로 자원을 재분배하는 것도 필요합니다. 물론 향후 성장성이 없더라도 현재의 주력 사업이라면 즉각 포기하기 어려울 수도 있습니다. 그러나 미래를 위해 소프트 랜딩soft landing 할 준비를 하면서 다른 사업을 빨리 구축해야 합니다. '언젠가 좋아지겠지' 같은 터무니없는 희망은 버리고 새로운 시대를 대비해야 합니다.

발전성

다음으로 고려해야 할 항목은 '발전성'입니다. 발전성이란 '현재 사용하는 기술이 계속 발전할 여지가 있는가?'를 따져보는 것입니다. 만약 발전의 여지가 더 이상 없다면 원가 경쟁력 싸움으로 전락하는 레드 오션 시장이 됩니다. 제가 경험했던 사례를 몇 가지 소개하겠습니다.

1980년대 후반 미국, 일본, 유럽의 선진 반도체 회사뿐만 아니라 후발 주자였던 삼성을 포함해 20여 개 이상의 회사가 4Mb DRAM 개발 경쟁을 하고 있었습니다. DRAM에 필요한 커패시터capacitor(전기를 저장할 수 있는 장치)를 만들려면 일정 면적이 필요한데, 1Mb DRAM까지는 평면 구조로도 가능했지만 4Mb부터는 필요 면적을 확보하기 위해서는 입체 구조가 되어야 했습니다.

그 당시 유효 면적을 증가시키는 방법으로 트렌치trench 방식과 스택stack 방식이 제안되었습니다. 쉽게 설명하면 대지에 고층 건물을 올리는 것이 스택 방식이고 지하로 파는 것이 트렌치 방식이라고 생각하면 됩니다. 2가지 방식 모두 각각 장단점이 있었기 때문에 그 당시 메모리를 생산하던 업체들도 2개 진영으로 나뉘어졌습니다. 삼성도 초기 개발 때는 2가지 방식을 모두 개발하고 있었지만 그렇게 계속할 수는 없었습니다.

삼성 내에서도 기술자 간에 의견 차이가 있어 쉽게 결정을 내리지 못하고 있을 때 기술을 전혀 모르는 이건희 회장이 통찰 있는 결정을 내리게 됩니다. 바로 "어떤 방식이 쉽게 분석을 할 수 있는가?"라는 것이었습니다. 지상 건축물이 지하 건축물보다 쉽게 보이는 것처럼 스택 방식일 때 불량 분석이 더 쉬운 것은 당연한 것이었습니다. 그리고 다음 세대에는 더 작은 면적에 구조물을 만들고자 할 때 쌓는 것보다 파고 내려가는 것이 훨씬 어려울 수밖에 없었습니다. 트렌치 방식은 발전성에 한계가 있었던 것입니다. 그 후 시장에서 트렌치 방식을 채택한 진영은 몰락하고 스택 방식을 채택한 회사들만 살아남았습니다. 기술의 발전성 유무가 회사의 존폐를 만든 셈입니다.

또 다른 예입니다. 2000년 중반부터 브라운관 TV는 평판flat

panel TV로 전환되기 시작했습니다. 평판 TV로 전환되는 과정에서 2가지 기술이 격돌하고 있었습니다. LCD Liquid Crystal Display와 PDP Plasma Display Panel 기술입니다. 당시에 LCD와 PDP 기술은 각각 장단점이 있어 무엇이 대세가 될지를 놓고 첨예한 대립이 있었습니다. 저는 TV는 점차 대화면과 고해상도 방향으로 갈 수밖에 없다고 생각했고, 미래의 TV는 LCD 기술로 갈 가능성이 크다고 나름대로 판단하고 있었습니다. 실제로 PDP 기술은 고해상도와 대화면을 구현하기에 기술적 한계가 있었기 때문입니다. 다시 말해 PDP 기술은 발전성이 LCD보다 현저히 부족했던 셈입니다. 몇 년 후 시장에서 극적인 사건이 발생합니다.

삼성을 비롯한 한국 TV 업체는 LCD와 PDP TV를 모두 생산했지만 주력은 LCD TV였습니다. 반면에 파나소닉은 PDP에 모든 것을 쏟아부었습니다. 결과는 어땠을까요? 그 후 파나소닉은 TV 사업의 대실패로 대형 적자를 내면서 가전제품 사업을 포기하게 되었습니다. 꼬리(TV 사업)가 본체(회사 전체)를 흔들어버린 것입니다. 잘못된 결정 하나로 모두가 사라지게 되었습니다.

발전성의 중요성을 설명해주는 또 다른 사례입니다. 2000년대 초반에 개발되어 판매하기 시작한 NAND 메모리는 디지털카메라, MP3 등에 사용되기 시작했고 점차 스마트폰, PC 등으로 응용처가 확대되면서 시장도 커졌고 대용량에 대한 시장의 요구도 커

졌습니다. 하지만 NAND 메모리는 2차원 구조였기 때문에 초대
용량을 구현하기가 점점 어려워졌습니다. 삼성은 2000년 말부터
3차원 구조의 3D-NAND(삼성 내부에서는 VNAND)를 개발하고 있
었지만 다른 회사들은 실현 불가능한 기술로 여기는 것 같았습니
다. 그럼에도 저는 2D 구조로는 더 이상 발전성이 없다고 판단했
고, 개발 주력을 3D-NAND로 돌려 마침내 세계 최초로 양산에
돌입할 수 있었습니다. 경쟁사들이 미처 준비하지 못했기에 삼성
은 고부가가치 NAND 시장을 석권할 수 있었던 것입니다. 이처
럼 기술의 발전성에 한계가 보이면 다른 방법을 찾아야 합니다.

확장성

마지막으로 고려해야 할 항목은 '확장성'입니다. 현재 사용하
는 기술이 한 분야에 적용되지만 다른 분야로도 확대할 수 있는
것을 말합니다. 간단히 떠올려볼 수 있는 가장 좋은 사례는 미국
의 아마존입니다. 사업 초기에 아마존은 온라인으로 서적만 판매
하다가 이제는 그 기술을 확장해 온갖 물품을 파는 온라인 종합
백화점이 되었습니다. 우리가 평소에 신고 다니는 운동화를 생각
해볼까요? 한때 운동화는 단순했지만 기존에 확보된 다른 기술
을 확장, 적용해 조깅화, 등산화 등으로 시장을 키웠습니다. 이처
럼 구축하려는 혹은 확보한 기술이 다른 분야로 확대된다면 금상

첨화가 될 것입니다.

앞서 설명한 3가지 모두의 공통점은 '미래'에 방점을 두고 있다는 것입니다. 다시 말해 기술이나 사업을 선정할 때 미래에 가망성이 있을까가 가장 중요한 것입니다.

Q 결정하는 능력을 어떻게 키울 수 있을까요?

안전한 길에서 혁신은
이루어지지 않는다
실행력과 의사 결정

많은 리더들이 의사 결정을 하는 타이밍에 대해서 많이 고민합니다. 어떤 리더들은 완벽하게 하려고 회의를 많이 하고 보고 자료를 계속 요구합니다. 당연히 검토하는 시간이 길어지겠지요. 검토를 오래 한다는 말은 결정을 빨리 못 내린다는 말과 같습니다. 최악의 경우에는 검토하는 데만 몇 개월을 보내버리기도 합니다. 요즘처럼 변화가 빠른 시대에 빠른 결정을 내리지 못한다는 것은 '퇴출'과 같은 의미입니다. "부족하지만 빠른 결정이 완벽한 느린 결정보다 낫다."라는 말은 그래서 정곡을 찌릅니다.

저는 경영자들에게 판단을 내릴 수 있는 자료가 어느 정도 있다면 될지 안 될지 걱정하지 말고 빨리 결정을 내리라고 조언합니다. 무엇이든 결정이 이루어졌다면 리더는 지체하지 말고 실무자들에게 목표를 부여해서 '플랜 A'를 달성하도록 이끌어야 합니다.

단, 플랜 A가 결과적으로 잘 풀리지 않거나 예상치 못한 리스크가 발생할 것을 대비해 리더는 공개되지 않은 '플랜 B'를 가지고 있어야 합니다. 최초의 의사 결정이 신속하게 이루어지는 것도 중요하지만, 만일의 경우 더욱 신속하게 대처하기 위해서는 플랜 B가 필수적입니다. 이때 주의해야 할 것이 있습니다. 플랜 B는 리더 개인 또는 일부 스태프들과만 공유해야 하며, 절대 실무자들과 공유해서는 안 된다는 것입니다. 플랜 B가 있다는 사실조차도 알 수 없게 하는 것이 좋습니다. 플랜 B가 있다는 사실을 알게 되면 플랜 A를 진행하다가 조금이라도 일이 잘 안 풀릴 때 플랜 B에 의존하려 할 수도 있기 때문입니다.

혁신은 목숨과 직위를 걸고 하는 것

리더가 혁신을 주도하려면 의지와 함께 통찰력, 결단력, 실행력이 모두 있어야 한다고 앞서 말씀드렸습니다. 의지, 통찰력, 결단력은 사고思考의 영역이라 다른 사람들이 알기가 쉽지 않습니다invisible. 한편 실행력은 외부로 드러나는visible 행위라 리더의 자질을 평가하는 기준이 되기도 합니다. 물론 실행력을 발휘하려면 깊고 다양한 생각을 통해 다져진 통찰력이 바탕이 되어야 합니다. 혁신을 향해 나아갈 때 수많은 난관이 있더라도 임직원을 설득하고 안심시킬 논리 없이 단순히 직위를 통한 강압에 의존한다면 실패할 게 분명하기 때문입니다. 그래서 리더들이 솔선수범하고 단호한 실행력을 보여주어야만 부하들이 믿고 따르는 것입니다.

혁신은 단호하게 실행해야 합니다. 혁신을 시도할 때는 리더도 두려워하지만 그와 관련된 조직의 구성원들은 더욱 두려워합니다. 완전히 새로운 방법에 도전하면서 두려워하지 않는다면 이상한 일이지요. 계획할 때는 꼭 해야 한다고 주장하던 사람들도 실제로 행동을 해야 할 때가 되면 주춤거립니다. 그 순간에는 모두가 항상 유혹에 빠집니다. 너무 위험risky하니 시험 삼아 일부 부서에서 일정 기간 해보다가 잘되면 확대하자는 식입니다. 그럴듯하지만 그렇게 해서 성공한 혁신 사례는 없을 것입니다. 상황을 더 복잡하게 할 뿐입니다. 추진하기로 했으면 철저한 계획을 세우고 실행하는 것이 리더의 의무이고 역할입니다.

실제로 제조 라인을 혁신할 때의 일입니다. 20여 년 이상 유지되던 조직 체계는 물론 일하는 방법과 라인 운영 체계를 매트릭스로 모두 바꾸겠다고 결정했을 때, 저는 한편으로 너무나 큰 변화라 임직원들이 정말 시도할 수 있을지 의구심을 가졌고, 실제로도 일부 임원들은 절대 하지 못할 것이라고 생각했습니다. 어떤 고위 임원은 저에게 일부 부서에서 우선 실시한 후 확대 시행하자고 제안도 했습니다.

저는 그 임원에게 물어봤습니다. "만약 이번 혁신이 실패하면 나는 어떻게 될까?" 그리고 스스로 답변했습니다. "큰 사고를 쳤다고 해서 왕조 시대처럼 죽임을 당하는 것도 아니고, 내 재산을 압류하는 것도 아니겠지."

즉 잘못되면 내가 책임을 지고 물러나겠다는 각오로 추진했던 것입니다. 그 후 철저한 계획과 열성적으로 참여한 임직원 덕분에 결과적으로는 잘 수행되었지만 1년 이상 마음을 졸였던 것은 사실이었습니다. 이렇듯 혁신은 목숨을 걸고, 직위를 걸고 하는 것입니다.

혁신을 실행할 때 리더는 어떻게 처신해야 할까요? 혁신은 쉽게 달성될 수 있는 것이 아니라 수많은 난관을 극복해야 합니다. 진전이 있을 때도 있지만 실수도 있기 마련입니다. 잘 안 될 때는 '이것을 꼭 해야만 하나?'라는 의심으로 포기하려는 유혹에도 빠집니다. 이럴 때일수록 리더는 평정심을 유지해야 합니다. 일희일

비―喜―悲해서는 절대 안 됩니다. 리더가 그런 성향을 보이면 부하들은 새로운 아이디어를 내지 않습니다. 혁신과 거리가 멀어지면서 임직원은 안 되는 이유만 찾든가 혹은 리더의 기분만 맞추려 합니다. 그렇기 때문에 혁신을 성공시키기 어려운 것입니다. 추진하는 혁신의 목표를 임직원과 공유했다면 일관성 있게 꾸준히 밀어붙여야 합니다. 어렵고 시간이 걸린다고 중도에 그치면 혁신에 대한 저항성만 커져서 다음에는 시도조차 할 수 없게 됩니다. 혁신이 사라진 조직은 서서히 쇠퇴할 뿐입니다.

실전만이 실행력을 길러준다

그렇다면 실행력을 향상시키려면 어떻게 해야 할까요? 앞서 언급한 것처럼 실행력은 사고가 아니라 행동입니다. 통찰은 어쩌면 학자들이 더 잘할지 모르나 실행은 그렇지 않습니다. 현장에서 쓰러졌다가 일어나고, 전장에서 싸워본 사람만이 행동할 수 있습니다. 즉 실전 경험이 필요한 것입니다.

행동의 힘을 어릴 때부터 경험해온 사람은 어떠한 시련도 무서워하지 않고 또다시 도전합니다. 회사에서 부하들이 스스로 결정하고 실행해보도록 권한 위임을 해야 합니다. 주식을 연구하는 학자도 실제로 주식을 사고파는 사람을 당할 수가 없다는 우스갯소리가 있습니다. 실전만이 실행력을 키워줍니다. 만약 최고 경영자가 부하들에게 기회를 주지 않는다면 그 회사의 미래는 없습니다. 만약 최고 경영자가 실행은 하지 않고 안전한 길로만 걸어온 사람이라면 그 기업의 미래는 더더욱 장담할 수 없습니다.

기업의 성장 단계마다 무엇에 초점을 맞춰야 할 까요?

궁극적으로 도달해야 할 스테이터스업
초격차 기업을 향하여

시대에 따라 경영하는 방식이 바뀌는 것처럼 기업도 성장 단계에 따라 추구하는 방법과 전략이 바뀝니다. 같은 생활용품을 팔아도 동네 슈퍼마켓과 이마트의 운영 방법은 당연히 다르겠지요. 이 글에서는 제가 나름대로 구분하고 있는 기업의 성장 단계와 그에 필요한 전략을 말씀드리겠습니다. 저는 기업의 성장 단계를 다음과 같이 분류해보았습니다.

1. 스타트업 start-up

2. 스케일업 scale-up

3. 스코프업 scope-up

4. 스테이터스업 status-up

스타트업

모든 기업의 시작은 스타트업입니다. 삼성 같은 대기업이라도 내부의 신규 프로젝트는 스타트업과 같습니다. 개발팀과 같은 부서는 항상 스타트업 회사처럼 일해야 합니다. 일반적으로 스타트업 기업은 새로운 아이디어로 시작하는 경우가 많고, 대기업의 프로젝트는 기존 사업 베이스에 새로운 개념을 확장하는 경우도 있을 것입니다. 이를 모두 '스타트업start-up' 단계라고 볼 수 있습니다.

스타트업 창업자들은 하고 싶은 아이디어를 동시에 모두 해보려는 의욕도 있지만, 여러 가지를 동시에 하다 보면 최소한 하나는 성공하지 않을까 하는 착각도 갖고 있습니다. 그뿐 아니라 자기 기술이나 아이디어에 도취한 나머지 성공할 수밖에 없다고 과신하는 사람들도 많습니다. 실리콘밸리에서도 벤처의 성공률이 낮은 것을 보면 기술이 좋다고 꼭 성공하는 것은 아닙니다. 스타트업 단계에서는 재원도 인재도 충분하지 못한 상태가 보통입니다. 대기업의 프로젝트도 마찬가지입니다. 이 단계의 주요 전략은 '선택과 집중'입니다.

시작한 기술이나 아이디어가 실현 가능할지 판단했다면 그다음으로 해야 할 일은 그 기술의 '발전성', '시장 성장성', '확장성'의 여지가 있는지 검토하는 작업이 필요합니다. 모든 것이 명확하지 않더라도 기술을 확보하고 있으면 어떤 식으로 비즈니스를 키워가겠다는 로드맵이 있어야 합니다. 비즈니스 로드맵은 당연히 사업을 하면서 수정에 수정을 거쳐야 할 것입니다.

제가 관찰한 많은 우리나라의 스타트업은 대체적으로 비즈니스 로드맵을 제대로 세우지 못하고 있습니다. 현재 확보한 기술 하나로 돈을 벌겠다는 순진한 생각을 하는 창업자도 있습니다. 운이 좋으면 모를까 절대 불가능합니다. 이런 상황이다 보니 기술력이 못 미치면 그대로 주저앉게 됩니다. 로드맵이 있으면 향후 어떤 기술이 필요할지, 어떻게 조직을 개편하고 필요한 인재를 확보할지 미리 준비할 수 있고 다른 회사와 네트워크를 형성할 수도 있습니다.

스케일업

이제 기업은 스타트업 단계를 지나 다음 단계로 들어섭니다. 가속도가 붙기 시작합니다. 회사가 급격하게 성장하는 단계입니다. 이 단계를 '스케일업 scale-up'이라고 할 수 있겠습니다. 스케일업 단계에서는 많은 어려움을 겪게 됩니다. 규모가 커지니 필요한 자금 문제는 말할 것도 없고 조직 내에서도 예상하지 못한 일이 많이 발생합니다. 처음에는 수십 명에서 시작했지만 사업이 확장됨에 따라 단기간에 많은 사람을 여러 방면에서 고용하게 됩니다. 창업 멤버들은 가족과 같은 분위기라 서로의 마음을 척척 알 수 있지만 수백 명으로 규모가 늘어나면 서로 배우고 일한 회사에 따라 생각하는 방식이 당연히 다르겠지요. 그에 따른 부서 간 갈등이 생기며, 조직을 운영하는 방법을 비롯한 여러 측면에서 관리management하는 스킬이 필요해집니다.

이 단계에 있는 기업의 주요 전략은 '자율과 책임'입니다. 스타트업 기업은 리더가 아이디어부터 실행, 심지어 영업에 이르기까지 모든 것을 직접 관리하고 점검합니다. 그러나 회사의 몸집이 커지면서 스케일업을 해나갈수록 리더가 계속해서 모든 것을 혼자서 할 수는 없습니다. 마이크로 매니지먼트에서 벗어나 조직 구성원들에게 권한을 위임하는 것이 중요해집니다. 그 대신 더 많은 시간을 확보해서 미래에 대비해야 할 것입니다.

스코프업

세 번째는 사업을 다각화하는 단계입니다. 재벌 기업의 경우에 대해서는 안 좋은 표현으로 '문어발식 확장'이라는 말도 종종 사용하곤 하지요. 이 단계를 저는 '스코프업scope-up'이라고 부릅니다. 스타트업으로 시작한 프로젝트가 커지면 스케일업이 되고, 스케일업을 하다 보니 다른 기술이나 네트워크가 필요해서 범위를 넓히는, 즉 스코프업을 해야 하는 단계로 진입하는 것입니다.

스코프업 기업의 주요 전략 과제는 '도전과 협력'입니다. 스타트업 단계부터 다져온 탄탄한 인프라 위에 새로운 비즈니스 모델을 만들어서 안착시키려면 도전적인 리더를 찾아낼 수 있어야 하고, 여러 사업부 간의 긴밀한 협력 또한 필수적입니다.

사실 스코프업 기업에 대해서 구체적으로 설명해주는 사례를 찾기는 어렵습니다. 우리나라에는 스케일업 단계에 머물러 있는 기업들이 대다수이기 때문입니다. 한번은 어느 중견 기업이 10개 이상의 자회사를 가지고 있는 것을 보고 깜짝 놀란 적이 있습니다. 너무 많다는 생각이 들었던 것입니다. 이처럼 많은 경영자들이 조금만 사업이 잘되면 우후죽순 자회사를 만드는 경우를 볼 수 있습니다. 본업도 아직 탄탄하지 못한데 자꾸 자회사를 만들고, 이를 통해서 덩치가 커 보이게 하려는 것입니다.

이런 방식은 재벌 기업이 규제를 받듯이 엄청난 피해로 귀결될 우려도 있습니다. 저는 중견 기업 경영자들에게 기본적으로 목숨을 걸 게 아니라면 스코프업을 하지 말아야 한다고 조언해주곤 합니다. 경영 2세들을 만나도 마찬가지입니다. 무분별한 확장

은 나중에 칼이 되어 돌아올 수 있습니다. 진짜 제대로 된 스코프
업은 자회사 하나하나가 확실한 경쟁력이 있을 때 가능해지는 것
입니다. 스코프업을 왜 해야 하는지, 언제 해야 하는지, 어떻게 해
야 하는지를 생각해봐야 합니다.

1. **부품 사업 확장**: 핵심 원부자재의 외부 의존도가 높아 자기 사업
   이 위험할 때나 자체 개발한 부품의 경쟁력이 월등할 경우, 주도
   권을 갖기 위한 수직 계열화
2. **소프트웨어 기술 확장**: 기존 체제와 운영상 어려움으로 인해 내
   부에서 병행할 수는 없지만 필수적인 기술로서 가치 상승
3. **세트 사업**: 기존에 확보한 기술을 활용한 사업군의 확장

베이스캠프가 튼튼한 사업은 수직 계열화를 통한 사업 확장도
괜찮지만 그렇지 못할 때는 항상 위험을 분산하는 방안을 마련해
야 합니다. 우리나라가 1997년 IMF로부터 구제 금융을 받기 전
에 수많은 기업들이 무분별한 스코프업으로 해체됐던 사례를 알
고 있습니다. 여행객이 많다고 항공기도 늘리고 호텔도 증설해서
초호황을 누리다가도 예상치 못한 상황이 닥쳐 여행객이 급격히
줄면 베이스캠프 자체가 없어질 수도 있습니다. 최근 코로나19
사태로 그런 사례를 볼 수 있지 않습니까?

	단계	전략	실행 과제
스타트업	창업	선택과 집중	비즈니스 로드맵, 의지와 열정
스케일업	성장	자율과 책임	권한 위임, 핵심 인재 확보
스코프업	확장	도전과 협력	핵심 역량 강화, 차세대 리더 선발

기업의 성장 단계에 따른 전략과 실행 과제.

궁극적으로 도달해야 할 '스테이터스업'

지금까지 기업의 성장 단계 중 스타트업, 스케일업, 스코프업을 살펴보았습니다만, 마지막으로 우리나라의 그 어느 기업도 도달하지 못한 형태가 하나 더 있습니다.

저는 이 단계를 스테이터스업status-up이라고 부릅니다. 사전을 찾아보면 'status'는 '지위', '신분'이란 뜻을 가지고 있지만 그 자체로서 '높은 지위'란 뜻도 가지고 있습니다. 스테이터스업이란 바로 그러한 차원에서 기업이 도달할 수 있는 가장 높은 단계입니다. 스테이터스업이란 쉽게 말해서 구글의 검색 알고리즘, 아마존의 이커머스e-commerce, 페이스북과 같은 SNS, 애플의 앱스토어App-Store 등과 같이 글로벌 스탠더드가 되는 플랫폼을 갖는 것입니다. 앞에서 저는 스타트업, 스케일업, 스코프업 단계에서 요구되는 핵심 전략을 '선택과 집중', '자율과 책임', '도전과 협력'으로 각각 제시했습니다. 스테이터스업 기업에게 요구되는 핵심 키워드는 바로 '창조'입니다. 그리고 이 모든 것을 실행하는 주체가 바로 리더가 되어야 합니다.

스테이터스업

↑

스코프업
스케일업
스타트업

지금까지 설명한 네 단계들을 아마존의 사례를 통해서 쉽게 이해할 수 있을 것입니다. 아마존이 처음에 온라인으로 책을 판매하기 시작한 것은 스타트업입니다. 아마존은 책을 팔다가 다른 여러 상품들도 팔면서 차츰 규모를 키웠습니다. 이것이 스케일업입니다. 그 후 아마존은 자신들의 사업을 위해서 개발한 클라우드 기술을 기반으로 아마존 웹 서비스AWS, Amazon Web Services 와 클라우드 컴퓨팅 서비스를 시작했습니다. 즉 자신들의 미래 핵심 역량 기술을 확장한 것입니다. 이것을 스코프업이라고 할 수 있

을 것입니다. 그 후 AWS는 방대한 인프라, 서버, 네트워크를 제공함으로써 클라우드 컴퓨팅 시장에서 다른 기업과 비교되지 않을 정도로 높은 점유율을 차지하게 되었습니다. 결국 아마존은 AWS라는 플랫폼을 통해서 스테이터스업 기업에 도달한 것이지요.

안타깝게도 우리나라의 모든 기업들은 예외 없이 스타트업, 스케일업, 스코프업 중 한 단계에 머물러 있습니다. 그럼에도 불구하고 궁극적으로는 모두가 스테이터스업을 지향하면서 정말 세상을 바꿀 만한 기술, 유니크한 비즈니스 모델을 만들어내기 위해 노력해야 할 것입니다. 물론 이미 글로벌 스탠더드라는 큰 고속도로가 놓여 있는 상황에서 또 다른 큰 도로를 건설하는 것은 쉽지 않은 일일 것입니다.

대기업은 덩치가 큰 만큼 리스크도 크다는 것을 알기 때문에 주저하는 경우가 많습니다. 반면에 저는 벤처 기업가들을 만나면 무엇이든 가능성이 보인다면 더 밀어붙여 보라고 응원해주곤 합니다. 좋은 아이디어와 기술을 가지고 더 큰 세계로 나아가서 판을 키우면 우리에게도 '스테이터스업' 기업이 불가능하지는 않을 것이라는 희망을 가져봅니다.

4차 산업혁명은 무엇인가?

4차 산업혁명이라는 말은 이제 익숙한 용어가 되었습니다. 인공지능, 사물인터넷, 빅데이터, 클라우드, 증강현실, 가상현실, 5G….
이런 말들도 이제 우리의 일상에 깊이 관여하고 있습니다. 그런데도 여전히 "4차 산업혁명이란 과연 무엇이며, 어떻게 대비해야 할까요?"라는 질문을 많이 접하곤 합니다.

앞서도 언급했듯 4차 산업혁명은 '데이터'가 핵심입니다. 그렇다면 데이터를 중심으로 어떤 일이 벌어지고 있는지 자세히 살펴볼 필요가 있습니다.

4차 산업혁명을 이루는 3가지 요소

그림에서 보는 것처럼 데이터는 '생성generation', '저장·수집storage', '분석analytics'이라는 중요한 3가지 과정을 거칩니다.

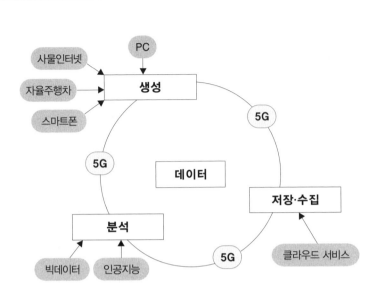

데이터를 중심으로 돌아가는 4차 산업혁명과 5G의 역할.

사물인터넷은 데이터를 생성하고 송수신하는 기능이 있는 모든 기기를 말합니다. 여러분이 사용하는 TV, 냉장고, 세탁기, PC, 스마트폰, 스마트워치, CCTV, 신호등, 자율자동차 외에도 센서가 부착된 물체 등등 모든 것이 포함되어 만물인터넷Internet of Everything이라고 부르기도 합니다.

인터넷이 스마트폰이나 PC끼리만 연결되고 인간이 제어하는 시스템이었다면 사물인터넷은 인간의 개입 없이도 모든 기기가 서로 연결될 수 있습니다. 그야말로 초연결이 이루어진 것입니다.

이렇게 각종 기기에서 생성된 데이터는 자체에 저장하기도 하지만 용량의 한계가 있으므로 데이터가 커지면 데이터 센터로 보냅니다. 클라우드 서비스를 통해 언제, 어디서나 데이터를 꺼내 활용할 수 있기 때문입니다. 은행에 돈을 예금해놓았다가 ATM을 이용해 언제, 어디에서도 현금을 인출하는 것과 같습니다. 수많은 사람과 사물인터넷 기기가 만든 데이터는 데이터 센터에 엄청나게 모이게 되는데, 이를 빅데이터라고 부릅니다. 물론 데이터 센터에만 빅데이터가 쌓이는 것은 아니고, 회사 내에서도 데이터가 축적되면 그것이 빅데이터가 되는 것이지요.

빅데이터는 워낙 양이 많아 처리하는 데 시간이 걸리고 어렵지만, 잘 분석하면 의미 있는 가치를 찾아낼 수 있습니다. 구슬이 서 말이어도 꿰어야 보배가 된다는 말과 같습니다. 빅데이터를 신속히 분석하는 데 필요한 것이 인공지능, 즉 AI 기술입니다. AI는 사람의 두뇌와 같은 역할을 하는 것입니다. 사람들은 AI를 어떤 종류의 데이터라도 모두 잘 처리하는 만능 기술로 알고 있지만, 꼭 그런 것은 아닙니다.

사람의 뇌는 모두 비슷하게 생겼지만 사람마다 각기 잘하는 분야가 다른 것처럼 AI도 데이터 종류에 따라 특화될 수밖에 없습니다. 수학, 영어, 음악, 과학을 잘하는 사람이 있는 것처럼 언어 인식, 안면 인식, 맥락 이해 등 각기 다른 특성화된 AI가 필요한 것입니다. 그래서 구글, 아마존, 애플이 추구하는 AI는 조금씩 다를 수밖에 없습니다. 여러분의 회사는 어떤 종류의 AI가 필요한지 생각해봐야 합니다. 단순히 'AI 팀'을 만드는 것으로 사업을 잘할 수는 없을 것입니다.

AI를 통해 분석되고 가공된 데이터는 처음에 데이터를 보낸 기기에 다시 보낼 수도 있고 가공된 데이터 자체를 사업에 활용할 수도 있습니다.

4차 산업혁명은 생성, 수집, 분석을 통해 얻은 데이터를 이용해 새로운 사업을 창출하고 있습니다. 데이터를 생성하는 사물인터넷 기기를 만드는 회사도 있고, 데이터 자체를 보관해줄 뿐만 아니라 분석과 처리를 해주는 서비스를 제공하는 아마존의 AWS도 있으며, 일반인이 제작한 동영상을 올릴 수 있는 플랫폼을 마련해주고 광고로 수입을 올리는 구글의 유튜브 등 다양한 비즈니스 모델이 생겨나고 있습니다.

왜 5G가 중요한가?

4차 산업혁명과 관련하여 최근 이슈가 되고 있는 5G에 대해서도 많은 질문을 받았습니다. 단지 속도가 빠르다는 것만 가지고는 5G가 무엇인지, 왜 중요한지 제대로 설명이 되지 않을 것입니다. 이해를 돕기 위해 비유를 들어보겠습니다.

코로나19 사태를 통해 주목받고 있는 것이 우리나라 배달 서비스입니다. 어디서나 시간에 구애 없이 모든 물건을 배달받을 수 있는 나라는 현재 우리나라밖에 없을 것입니다. 이렇게 원활하고 신속한 배달을 위해 필요한 인프라가 있습니다. 물류 센터와 도로망 그리고 운영 규칙입니다. 어느 것 하나라도 없으면 제대로 배송할 수 없을 것입니다.

물건은 데이터로 물류 센터는 데이터 센터와 비유하면 됩니다. 물건을 배송하려면 도로망이 필요한데 데이터도 함께 보내려면 정보 도로망이 필요하지요. 엄청나게 많은 데이터를 빠르게 전송할 수 있는 초고속 정보 도로가 5G라고 불리는 광대역 통신망입니다.

5G는 데이터의 생성, 수집, 분석 과정을 거의 실시간real time으로 가능하게 해줍니다. 예를 들어서 자율주행차가 운행하면서 실시간으로 주변 데이터를 생성, 수집, 분석하지 않으면 길을 잃어버리거나 사고가 날 것입니다. 5G가 없다면 도시에 도로가 없는 것과 같으니, 앞서 말한 4차 산업혁명이 이루어질 수 없게 되는 것입니다.

참고로 한 가지 더 짚고 넘어가야 할 개념이 있습니다. 데이터들을 기기 간에 원활히 주고받거나 이동하게 하려면 나름의 룰이 필요한데, 이것이 바로 운영체계OS, Operating System입니다. 모바일 기기에서 사용되는 '안드로이드'와 PC에서 사용되는 '윈도우'가 대표적인 OS입니다. 물류 센터에서 필요한 운영 규칙은 사물인터넷 기기에서 사용되는 운영체계라고 비유하면 됩니다.

4차 산업 시대의 혁신은 '협력'을 통해서

디지털 시대에 대한민국은 글로벌 기업 삼성전자를 보유하게 되었습니다. 반도체와 스마트폰 두 가지 모두 디지털 시대의 대표 상품입니다. 그러나 우리나라는 4차 산업혁명과 관련된 글로벌 기업을 아직 갖지 못한 상태입니다. 왜 그렇게 되었을까요? 먼저 앞선 시대와 4차 산업 시대의 차이가 무엇인지 살펴볼 필요가 있습니다.

	3차 산업혁명	4차 산업혁명
형태	오일 이코노미	데이터 이코노미
자산의 특징	유형 tangible 재사용 불가 disposable	무형 intangible 재사용 가능 reusable
생존 조건	경쟁	협력
성장 조건	개선	혁신

3차 산업혁명과 4차 산업혁명의 주요 차이점.

3차 산업 시대까지는 만질 수 있고 눈에 보이는 자산tangible asset이 중심에 있었습니다. 대부분의 대기업은 제조업 분야로 오일의 영향을 많이 받았을 뿐만 아니라 세계 최대 기업은 오일 회사였기 때문에 '오일 이코노미Oil Economy'라고 불리기도 합니다.

반면에 4차 산업 시대는 만질 수도 없고 실체도 없는 무형 자산intangible asset인 데이터가 중요해집니다. 중요한 자산이 데이터이기 때문에 '데이터 이코노미Data Economy'라고 할 수 있습니다. 데이터 이코노미에서 소프트웨어나 플랫폼 같은 것들은 실체가 없지만 중요한 자산이 됩니다.

만질 수 있는 것들이 중심에 있던 시대에는 기업 간 경쟁competition이 중요한 키워드가 될 수밖에 없었습니다. 그러나 4차 산업 시대에는 데이터들이 모여서 가치를 만들어내는 것처럼 협력collaboration이 중요한 키워드입니다. 이러한 특성을 개선과 혁신의 차이에도 적용할 수 있을 것입니다.

어떤 사람들은 혁신이란 것이 위대한 통찰이나 결정적 아이디어 하나로부터 탄생했다고 생각하기도 합니다. 그러나 따지고 보면 혁신의 아이콘이라 불렸던 스티브 잡스도 새로운 기술과 아이디어들을 모아서collect 지휘conduct한 것임을 잘 알고 계실 것입니다.

3장

문화 ─────

초격차 달성의 기반

Q 앞으로의 조직 문화가 추구해야 할 방향은 무엇
입니까?

초격차 조직의 3가지 키워드
진화하는 조직 문화

문화는 자연과 사회 환경에 적응해 조화롭게 살기 위해 인간
이 만들어낸 창조물입니다. 환경이 변하면 문화도 바뀌어
야 하지만 관성이 있어 기존 문화를 현재 실정에 맞게 고치는 것
은 쉬운 일이 아닙니다. 새로운 환경에 맞는 새로운 문화를 만들
어야 미래로 나아갈 수 있는데, 최고 경영자를 포함한 리더들이
어쩌면 가장 큰 걸림돌이 될지도 모릅니다. 현재 가장 편한 위치
에 있고 가장 변하기 싫어하는 최고위층이 새로운 문화를 정착시

켜야 하는 모순이 생기는 것이지요. 21세기에 필요한 인재나 문화를 19세기 리더가 20세기 관점으로 만든다는 냉소적인 말이 나오는 이유입니다.

진화에서 발견한 3가지 키워드

문화는 규모에 상관없이 생깁니다. 가정이면 가풍이 될 테고, 기업이면 기업 문화라고 불립니다. 명문가는 부유해서만 되는 것이 아니라 훌륭한 가풍이 함께 있어야만 합니다. 단순히 돈만 많고 행동거지가 바르지 않은 집안을 우리는 졸부가俗富家라고 비하하기도 하지요. 기업도 단순히 실적만 좋아서는 안 됩니다. 좋은 기업 문화를 갖고 있어야 지속 성장이 가능한 기틀이 마련되는 것입니다. 가풍이 하루아침에 이루어지지 않듯이 기업 문화도 마찬가지입니다. 우리의 기업에 좋은 조직 문화가 필요한 이유는 오랫동안 생존하기 위한 기반이 되기 때문입니다.

경영을 말할 때 빠지지 않는 항목이 '조직 문화'입니다. 많은 경영자들이 가장 힘들다고 하소연하는 것도 올바른 조직 문화를 구축하는 것입니다. 현재의 문화는 미래를 볼 수 있는 척도입니다. 올바른 조직 문화를 구축하고 유지하려면 리더들이 솔선수범으로 원칙과 규칙을 일관성 있고 지속적으로 지켜야 합니다. 리더들이 그렇게 하지 않는다면 문화를 정착시킬 수 없습니다. 일회성 캠페인이 되어서는 절대로 안 됩니다. 그럼 어떤 문화를 구축해야 할까요? 어떤 문화가 우리 회사 실정에 맞는지 정하기도 어렵고 구축하는 데 시간도 걸립니다. 게다가 전문 경영인이라면 임기가 정해져 있기 때문에 조직 문화를 구축하는 데 더욱 어려움이 있을지 모르겠습니다.

오랫동안 유지해야 할 문화는 과연 어떤 것일까요? 시대 상황에 상관없이 지속적으로 유지할 수 있는 문화를 구축하는 것이겠지요. 올바른 조직 문화를 구축하기 위해 많은 경영자들이 성공했다고 평가받는 회사들을 벤치마킹하지만, 문화라는 것은 주어진 환경, 조직의 목표, 리더의 성향에 따라 변하는 속성 때문에 단순히 모방할 수가 없습니다. 그리고 대성공을 달성한 조직도 모두 언젠가는 사라진다는 사실 때문에 벤치마킹이 과연 좋은 방법인지 회의가 들기도 합니다.

반도체 사업의 초격차를 실현하고 지속적으로 유지하기 위해서 저는 2010년에 "워크 스마트Work Smart 캠페인"을 시작했습니다. 그때부터 저는 '지속 성장을 가능하게 하는 문화는 무엇일까?'를 오랫동안 고민했습니다. 인간이 만든 조직 중에서 가장 오래된 교황청에서 그 답을 찾을 수 있지 않을까 생각해본 적도 있습니다.

오늘날과 같은 교황청의 모습을 갖춘 것이 10세기경이라고 하니 교황청은 최소한 1,000년 동안은 그 모습을 유지하고 있는 조직인 셈이지요. 좀 더 생각해보면 교황청이 지속되어온 만큼 오래된 조직으로 대학을 들 수도 있을 것입니다. 하지만 교황청이나 대학교는 이익을 목적으로 하는 조직이 아니라는 점에서 기업과 비교되기 어려운 점이 있었습니다.

저는 기업 또한 하나의 생명체와 같다고 여기고 진화론적인 관점에서 기업의 여러 측면을 관찰해왔습니다. 그러다가 수십만 년 동안 지속 발전을 해온 호모 사피엔스Homo Sapiens를 생각하게 되었습니다. 수없이 많은 회사나 조직은 생겼다가 사라졌지만 호모 사피엔스는 살아남았습니다. 즉 인간이란 존재가 그 자체로서 초격차를 이루었다는 생각이 들었습니다. 체격도 작고 체력도 뛰어나지도 못하며 시력이나 청력도 다른 동물에 비해 열등한데 인간은 지구를 지배하는 종이 되었습니다. 무엇이 인간을 그런 위치까지 올려놓았을까요?

지구의 역사를 살펴보면 자연을 정복하겠다고 덤빈 종은 인간이 유일했습니다. 인간은 자신을 위협하는 자연에 맞서기 위해 상호 협력을 통해서 삶을 개선시킬 새로운 무언가를 끊임없이 만들어냈습니다. 이런 과정들이 반복되면서 다른 종은 도달할 수 없는 레벨, 즉 '초격차'를 이룬 것입니다. 그렇다면 기업도 인간이 이룬 초격차로부터 뭔가 중요한 힌트를 얻을 수 있지 않을까요? 인간만이 다른 생명체와 근본적인 차이를 갖는 것은 무엇일까요?

이런 생각들 속에서 발견한 세 가지 키워드는 도전challenge, 창조creativity, 협력collaboration이었습니다. 이 세 가지는 인간만이 갖고 있는 행동이라고 결론을 내리고 "워크 스마트 캠페인"의 행동 신조로 정했습니다. 이 세 가지가 기업 문화에 녹아들 때 기업 역시 인간이 그랬던 것과 마찬가지로 진정한 '초격차'에 도달할 수 있겠다는 생각이 들었습니다.

- 도전
- 창조
- 협력

초격차 조직의 조건: 도전, 창조, 협력

'인간만이 도전합니다.' 아프리카에서 탄생한 현생 인류가 수만 년이나 걸친 도전으로 남아메리카와 태평양의 섬까지 도달하는 엄청난 일을 했습니다. 남극이나 에베레스트를 정복하려고 도전하는 생명체는 인간 말고는 없었고 앞으로도 없을 겁니다. 이제 인간은 달과 화성까지 진출하겠다는 도전을 하고 있지 않습니까? 다른 생명체들도 다른 곳으로 이동은 하지만 생존 본능에 의한 것이지 의도된 도전의 결과물이 아닙니다.

인간의 도전은 이동뿐만 아니라 라이트 형제처럼 하늘을 날아보겠다는 생명을 건 도전도 수없이 했습니다. 운동선수도 기존의 기록을 깨기 위해 끊임없이 도전합니다. 도전은 끝이 없지요. 의도된 도전이 없는 조직은 발전 없이 사라져갈 뿐입니다. 도전 없는 조직은 죽은 것과 다름없습니다.

'인간만이 창조합니다.' 초기 인류는 생존을 위해 먹고 잠자고 위험한 것을 보면 피하는 동물의 행동과 다를 바가 없었을 겁니다. 다른 생명체는 화석만 남겼지만 인류는 창조물을 남기기 시작했습니다. 어떤 차이가 이렇게 만들었을까요?

우연히 발생한 변이로 인해 인간은 신체적으로는 두 발로 걸어 다닐 수 있게 되었고, 생각하고 상상할 수 있는 능력도 갖게 되었습니다. 도구를 만들고 활용하면서 생각의 깊이도 월등해졌습니다. 예를 들면 불을 발견해 고기를 구워 먹고 난방용과 보호용으로 사용했을 뿐만 아니라 횃불이라는 도구를 이용해 조명으로도 이용한 동물은 인간뿐입니다. 돌을 깨서 칼이나 도끼를 만든 것도 인간뿐이지요. 도구와 생각이 상호 작용하면서 문명과 문화가 급속히 발전하게 된 것이지요.

인간은 단순 수렵 채취에서 식물을 재배하고 동물을 키우는 방법을 찾아내면서 농업혁명을 이루었습니다. 수많은 도구를 발명하고 이용하면서 산업혁명도 이루었지요. 농업혁명, 산업혁명으로 자연을 극복하는 단계를 지나 이제는 자연에 존재하지 않았던 물건을 만들면서 세상을 바꾸어놓은 것입니다. 조직도 이와 마찬가지입니다. 창조 없는 조직은 동물과 다를 바가 없을지 모릅니다. 창조 없는 조직은 발전할 수 없습니다.

'인간만이 협력합니다.' 인간 외에도 협력이나 공생을 하는 생명체가 있지만 계획을 세우고 하는 것이 아니라 오랜 기간에 걸쳐 형성된 본능에 의한 것입니다. 서로 다른 지역의 늑대들이 협력해 호랑이를 공격하는 일은 절대로 없을 것입니다.

인간만이 목적 달성을 위해서 계획을 세워 이해 당사자와 협력합니다. 때에 따라서는 동물 세계에서는 상상도 할 수 없는 적군이나 이종異種과 협력하기도 합니다. 협력의 결과를 극대화하기 위해 각 분야의 전문가가 모입니다. 협력 없이 모든 일을 혼자서 했다면 인류는 아직도 석기시대에 머물렀을지도 모릅니다. 협력

없는 조직은 사라집니다.

인간은 도전하고 창조하고 협력한 결과 만물의 영장이 되었고 어떤 생명체도 이루지 못한 초격차의 단계에 도달했습니다. 호모 사피엔스와 큰 차이가 없었던 네안데르탈인 같은 고생 인류가 멸종된 이유는 '도전', '창조', '협력'이란 관점에서 호모 사피엔스보다 취약했을지도 모른다는 것이 제 추측입니다. 따라서 기업이나 조직 내에서 도전과 창조와 협력이라는 문화를 만들어놓으면 '초격차'에 도달할 것이라는 확신을 합니다.

Q

Q 어떻게 해야 혁신을 가능하게 하는 조직 문화가 유지될까요?

도전하고, 창조하고, 협력하라
초격차 조직 문화의 조건

이번 글에서는 도전, 창조, 협력이라는 3가지 요소를 각각 실현시키기 위한 조건들을 살펴보고자 합니다.

기회 ↔ [도전] ↔ 평가

온종일 집에만 있는 사람에게는 아무런 일도 일어나지 않습니다. 마찬가지로 회사에서도 시키는 일만 하는 구성원만 있으면 아무런 사고도 일어나지 않는 대신 아무런 발전도 없을 것입니다. 직원들에게 도전적인 마인드를 심어주고 스스로 새로운 일들에 부딪혀보게 하려면 각자의 능력에 맞는 기회를 주어야 합니다. 물론 도전적인 일을 즐기는 사람이 있고 그 반대인 사람도 있을 것입니다. 그러나 이를 개인적 성향 탓으로 돌려서는 안 됩니다. 실리콘밸리에는 "빨리 실패하라."라는 캐치프레이즈가 많습니다. 워낙 도전이 일상화된 문화에서는 빨리 실패하는 것이 회사에 도움이 되겠지요. 그러나 실패를 두려워하는 우리나라 문화에서는 "도전하라."가 더 적합한 캐치프레이즈가 됩니다. 도전다운 도전은 성공보다 실패할 확률이 높지만 꼭 필요한 일입니다.

리더는 구성원들에게 자기의 실력을 발휘할 '기회'를 부여함으로써 도전을 두려워하지 않는 기업 문화를 만들어야 할 책임이 있습니다. 기회를 부여해서 도전하도록 하면 그에 따른 결과가 나올 것입니다. 당연히 결과를 공정하게 평가하고 그에 맞는 보상이 뒤따라야 하겠지요. 일일이 지시하고 관여하는 상사 밑에서 도전적인 부하 직원이 나올 리 없겠지만, 어느 정도 권한 위임을 했더라도 결과물을 위에서 다 가져간다면 이 또한 아무도 도전하려 하지 않는 결과로 이어질 것입니다. 단 한 번의 도전으로 끝나지 않으려면 정당한 '평가'와 합당한 보상이 반드시 뒷받침되어야 합니다. 평가할 때의 원칙, 즉 평가 시스템이 잘 갖춰져야 하는 이유가 여기에 있습니다.

호기심 ↔ [창조] ↔ 다양성

당연한 말이지만 호기심 없는 사람이 창조적인 사람이 될 리는 없습니다. 호기심은 창조적 아이디어의 중요한 원천이지요. 그래서 기업은 인재를 뽑거나 양성할 때에도 그 사람이 얼마나 호기심을 가진 사람인지 주목해서 살펴봐야 합니다.

서류 몇 장, 짧은 인터뷰로는 그 사람의 스펙과 특성의 일부분만 판단할 수 있을 따름입니다. 그러므로 인재를 선발하고 양성하는 시스템에도 전면적인 변화가 이루어져야 할 것입니다. 물론 조직 전체의 관점에서 볼 때 몇몇 개개인이 호기심을 갖는 것과 리더가 구성원 모두에게 호기심을 갖도록 문화를 만드는 것은 전혀 다른 이야기입니다.

지금까지 많은 기업이 오랫동안 명령과 복종이라는 획일적 문화에 익숙해져 있었습니다. 조직 내에서는 다른 목소리를 용납하지 않는 경우가 많았고, 회식 자리에서는 "우리는 하나!"라는 구호가 가득했습니다. 이 모든 것은 그 누구의 잘못도 아닌 리더의 잘못입니다.

실리콘밸리에는 전 세계에서 온갖 아이디어를 가진 인재들이 모여듭니다. 이런 아이디어, 저런 아이디어가 모여서 놀라운 결과물을 만들어냅니다. 한 가지 아이디어를 가지고도 이렇게 해볼지 저렇게 해볼지 의견을 나누고, 기발한 사업으로 창업도 합니다. 조직도 마찬가지입니다. 리더는 어떻게 하면 다양한 의견들이 한데 모여 시너지를 내게 할 수 있을지 고민해야 합니다.

소통 ↔ [협력] ↔ 신뢰

많은 리더들이 크게 착각하고 있는 것 중 하나가 자신은 직원들과 잘 소통하고 있다고 철석같이 믿고 있다는 것입니다. 그들은 대표적인 근거로 "밥을 같이 자주 먹는다." "회식을 많이 한다." "주말에는 운동이나 등산을 같이 한다." 등등을 꼽습니다. 그런 자리에서 리더가 일방적으로 자기 얘기만 늘어놓는 것을 과연 소통이라고 할 수 있을까요?

직원들의 업무 고민에 대해 리더와 피드백을 주고받는 과정이 자연스럽게 이루어질 때 비로소 진정한 소통이 이루어지는 것입니다. 물론 소통만 잘된다고 해서 협력이 잘 이루어지는 않을

필요조건	초격차 키워드	충분조건
기회	도전	평가
호기심	창조	다양성
소통	협력	신뢰

초격차에 도달하기 위한 3가지 키워드와 필요 · 충분조건.

것입니다. 만일 서로 피드백을 주고받은 후에 리더가 자신의 말과 반대되는 행동을 한다면 어떻게 될까요? 직원은 다시는 고민을 털어놓으려 하지 않을 것입니다. 그러므로 서로를 신뢰할 때 협력의 문화가 자리 잡는 것입니다.

협력하다 보면 공통의 목표를 이루어가는 과정 속에서 누군가는 잠깐 손해를 볼 수도 있고, 누군가는 잠깐 이득을 볼 수도 있을 것입니다. 그러나 '이번에 내가 패스를 해줬으니 다음번에는 상대방이 나에게 패스를 해줄 것'이라는 믿음, 상대방도 언젠가는 나에게 도움을 줄 거란 믿음이 없다면 두 번 다시는 협력이 이루어지지 않을 것입니다.

진정한 협력이란 무엇인가

이 글을 마무리하기 전에 도전, 창조, 협력이라는 3가지 키워드 중 '협력'에 대해서 좀 더 짚고 넘어가도록 하겠습니다. 조직에서 '협력' 또는 '협업'을 말할 때 사용할 수 있는 영어 단어로는 크게 세 가지를 들 수 있습니다. 코퍼레이션cooperation, 컬래버레이션col-laboration, 팀워크teamwork. 이 세 단어의 차이를 간략히 살펴볼까 합니다.

어떤 사람이 길을 가다가 과일이 든 바구니를 떨어뜨렸습니다. 이때 쏟아진 과일들을 함께 주워 담는 것은 코퍼레이션입니다. 말하자면 코퍼레이션은 특정한 의도가 있어서가 아니라 자연적으로 또는 감정적으로 접근하는 것입니다. 회사에서 동료가 힘들게 일하고 있을 때 응원하는 차원에서 함께 야근을 해준다면 이것 또한 코퍼레이션이라 할 수 있습니다.

컬래버레이션은 특정한 목표가 설정되어 있습니다. 목표를 달성하기 위해서 해야 할 일을 분배하고 때로는 일이 진행되는 과정 속에서 개개인이 희생을 해야 할 때도 있습니다. 축구나 농구 경기에서는 내가 골을 넣고 싶어도 나보다 골을 더 잘 넣는 동료가 있으면 패스를 합니다. 작전상 내가 공을 잡아서 달리는 경우도 생기겠지요. 단체 구기 종목에서 어시스트 점수를 중요하게 보는 것도 다 그런 이유 때문입니다. 즉 초격차에 도달하기 위한 조직 문화에서는 '컬래버레이션'이 제가 말씀드린 협력의 의미에 가장 가까운 단어라고 할 수 있습니다.

마지막으로 팀워크는 구성원의 역할이 명확히 정해져 있습니다. 조정 경기 선수와 우주선의 우주인을 떠올려보면 됩니다. 모두 각자의 역할이 있고, 누구 한 명만 잘했다고 임무가 잘되는 것이 아닙니다. 모두 최선을 다할 때 소기의 목표를 달성할 수 있습니다. 누구 한 명이라도 역할을 제대로 못 하면 업무는 실패하게 됩니다.

지금까지 정리한 것처럼 협력을 하더라도 현재 자신의 조직이 어떤 방식의 협력을 하고 있는지, 어떤 의미에서의 협력이 필요한지 따져보아야 합니다. 만일 조직에서 어떤 목표와 계획을 세우고 일하는데, 동료에게 패스를 하지 않는다거나 심지어는 동료의 공을 가로채는 사람이 있다면 경기에서 질 확률이 높아지는 것입니다.

동질적 가치에서 이질적 가치로
다양성이 용납되는 문화

패스트 팔로어 전략이 그럭저럭 먹혔던 시대에는 관리와 개선에 초점이 맞춰졌기 때문에 '이질적' 가치보다는 '동질적' 가치가 더 우선시될 수밖에 없었습니다. 조직의 구성원들도 거의 다 비슷비슷한 사람들로 채워져 있었습니다. 한마디로 다 같이 "으쌰으쌰" 하는 게 가능했던 시대였지요. 그러나 최근에는 제조업, 서비스업 가릴 것 없이 발전 속도가 따라갈 수 없을 정도로 빠릅니다. 한 가지 기술로만 사업을 유지할 수 있는 시대가 지나가고 여러 가지 기술을 융복합적으로 엮거나 새로운 기술이 있어야만 생존할 수 있게 되었습니다. 그러한 변화에 주도적으로 대응하기 위해서는 다양한 인재와 그들이 마음껏 재능을 발휘할 수 있는 환경이 조성되어야 가능합니다.

호모지니어스 조직과 헤테로지니어스 조직

르네상스 시대는 14세기경 피렌체에 회화, 조각, 건축, 문학 등 다양한 분야의 수많은 천재들이 모여 경쟁하고 모방하면서 시작되었습니다. 20세기 실리콘밸리도 마찬가지입니다. 다양성이 서로 상승 작용을 하는 시너지 효과가 있어야 새로운 기술도 나오고 혁신도 이루어지는 것입니다.

실리콘밸리는 IT, 소프트웨어, 플랫폼, 바이오 등의 새로운 기술로 인해 현대의 피렌체가 되었습니다. 앞으로 어떤 새로운 기술이 또 등장하고 어떤 기업이 망하고 어떤 기업이 승승장구할지 예측하는 것은 불가능하지만, 한 가지는 확신할 수 있습니다. 즉 실리콘밸리의 다이내믹한 문화 속에서는 새로운 아이디어를 내는 사람과 기업이 계속해서 나올 것이라는 점입니다.

반면에 우리나라의 경우를 생각해보면 긍정적인 대답을 꺼내

놓기가 망설여지는 것이 사실입니다. 첫 번째 이유로 우선 폐쇄적인 문화를 들 수 있겠습니다. 조직이 역동성 있게 움직이려면 다양성을 통한 시너지를 낼 수 있는 방법을 찾아야만 합니다.

결론부터 말씀드리면, 동류의 사람들끼리 모여서 에너지는 낼 수 있겠지만 시너지를 내기가 쉽지 않습니다. 다른 생각을 가진 사람과 상의하고 토론하고 때로는 논쟁도 하면서 답을 찾아냈을 때 조직은 시너지가 생깁니다. 많은 기업들이 새로운 기술을 도입해 새로운 사업을 추진하겠다는 계획을 세우지만 뜻대로 잘 풀리지 않는 이유가 여기에 있습니다.

말로는 한다고 하지만 기술이 됐든 사람이 됐든 마음가짐은 나와 다른 무언가를 받아들일 준비가 안 되어 있는 것입니다. 그러다 보니 아이디어 넘치는 인재가 들어와서 무언가를 추진해보려 해도 기업의 기존 문화 자체가 그 사람을 뒷받침해주지 못합니다. 이처럼 폐쇄적인 문화를 호모지니어스homogeneous(동종同種) 문화라 부를 수 있습니다.

호모지니어스 조직은 시장 안에 있는 경쟁자만 이기면 된다고 생각합니다. 1점을 덜 틀리는 것, 그래서 남보다 1점이라도 더 맞히는 것이 지상 과제가 됩니다. 모든 것이 상대적으로 평가되는 셈이지요. 요컨대 좀 더 넓은 관점에서 단일 민족을 강조하는 문화라든가 한 다리만 건너면 다 알게 된다는 식의 학연과 지연을 강조하는 폐쇄적인 문화에서는 조직 내에서 인재의 다양성을 확보하기가 어렵습니다.

반면에 수많은 국가와 인종, 세대가 다 모여 있는 실리콘밸리의 경우는 헤테로지니어스heterogeneous(이종異種) 문화의 전형이라 할 수 있습니다. 한마디로 다양성이 있는 조직입니다.

헤테로지니어스 조직은 경쟁자보다 절대 우위에 서야 합니다. 상대가 어떤 아이디어를 가졌는지도, 무엇을 하려고 하는지도 알 수가 없습니다. 내가 무조건 최고의 것을 만들지 못하면 망하는 것입니다. 실리콘밸리에서는 중국, 인도, 러시아에서 온 사람들보다 월등하게 잘하지 않으면 밀려날 수밖에 없습니다.

익숙한 목소리가 아니라 다른 목소리를 들어라

다양성이 있는 문화나 조직에서는 "나한테 피해만 안 주면 네가 하는 거 다 인정해줄게. 얘기를 들어볼게. 좋으면 받아들일게"라는 자세를 견지합니다.

반면에 다양성이 없는 곳에서는 모든 결정이 '나' 아니면 '너'를 기준으로 이루어집니다. 이 때문에 NIHNot Invented Here 증후군이란 말이 나옵니다. 이 말은 '이곳에서 만든 것이 아니다.'라는 의미로, 다른 곳에서 개발한 기술이나 연구 성과는 인정하지 않는다는 배타적 문화를 뜻하는 것입니다.

물론 우리나라에서도 회사 내부적으로나마 헤테로지니어스 문화를 지향하면서 다양성을 확보하기 위해 노력하는 기업들이 상당수 있습니다. 이제는 조직 내부는 물론 우리 사회 전반에서도 호모지니어스 문화를 과감히 깰 필요가 있습니다.

제가 《초격차》에서 언급했던 '사일로 파괴'를 위해 부서장 교체를 시도했던 것도 일종의 호모지니어스 조직을 깨려는 의도에서 비롯된 것이었습니다. 이것이 세계와 경쟁해서 살아남기 위한 첫 번째 전제 조건입니다.

호모지니어스 조직은 상대적인 경쟁을 하는 데 급급해합니다. 즉 상대하는 경쟁자를 물리치기만 하면 승자가 된다고 생각하는 것입니다. 이럴 경우 대부분은 상대방을 압도하기 위한 도전적인 일을 하기보다 상대방이 실수하기를 기다리는 경우가 많습니다. 그런 전략이 실패 확률을 낮출지는 모르나 조직 전체적으로는 쇠퇴할 수밖에 없습니다.

반면에 헤테로지니어스 조직은 속성상 절대적인 평가를 합니다. 즉 상대의 실수와는 상관없이 스스로 최고의 실력을 갖추었느냐가 기준이 되는 것입니다. 호모지니어스 조직이 '효율'에 초점을 맞춘다면, 헤테로지니어스 조직은 '효과'에 초점을 맞춥니다.

다른 목소리가 아니라 익숙한 목소리, 외부가 아니라 내부 관리에만 치중하는 리더들은 조직의 시너지를 방해하는 가장 큰 걸림돌입니다. 따라서 헤테로지니어스 조직을 지향하는 리더에게는 기존과는 다른 과제가 부과되어야 할 것입니다.

Q 소통을 잘하려면 어떻게 해야 할까요?

'소통'하는 리더, '쇼통'하는 리더
신뢰 기반의 소통 문화

조 직 문화는 리더가 어떻게 메시지를 전달하는가에 따라
달라집니다. "회의 문화를 개선합시다." "소통을 잘합시
다." 어느 회사든지 이런 구호를 공통적으로 내걸고 있는 모습을
자주 보게 됩니다. 하지만 회의를 의미 있게 잘하고 있으면, 소통
이 잘되고 있으면 이런 구호도 필요하지 않을 것입니다.

많은 사람들이 리더의 언어에 대해서 궁금해하지만, 그보다 더
중요한 것은 리더가 전달하는 메시지와 행동의 일관성과 연속성

입니다. 회사의 비전을 설명하기 위해 온갖 미사여구를 동원해서 멋들어진 프레젠테이션을 하는 것은 리더의 언어와 전혀 상관이 없습니다.

예를 들어 회사에서 자율 복장을 하자고 했다면 리더가 먼저 편한 복장으로 출근하는 모습을 보여주어야 합니다. 부하 직원이 편한 복장으로 보고를 하러 들어왔는데 사장이 여전히 넥타이에 정장을 차려입고 있다면, 그 직원은 편하지 않은 기분으로 문을 나설 것입니다. 업무와 개인 생활의 균형을 맞추는 워라밸Work-Life-Balance을 하라고 하면서도 주말 회의를 계속한다면 누가 리더의 말을 믿겠습니까?

리더의 말과 행동에 괴리가 생기면 절대로 믿음이 생기지 않습니다. 존경respect 받는 첫 번째 조건은 신뢰trust입니다. 그러나 안타깝게도 우리나라 대부분의 리더들은 은연중에 '나만 빼고'라는 생각을 가지고 있는 것 같습니다. 신뢰가 존경을 낳고 존경이 다시 신뢰를 쌓습니다.

소통을 빙자해 토크쇼를 하는 리더

기업 내에서 소통이란 무엇인가라는 질문에 대하여 저는 "상대편이 나에게 불편함이나 어려움을 얘기할 수 있는 분위기를 만들고 해결해가는 과정"이라고 정의 내립니다.

"사장님, 우리 회사에는 이런저런 불합리한 점이 있다고 생각하는데 어떻게 개선하시겠습니까?" 혹은 "사장님이 그렇게 행동하는 건 무리가 있습니다." 직원이 이렇게 얘기할 수 있을 때 진짜 소통이 이루어집니다.

아버지가 자식에게 "학교는 잘 갔다 왔니?" "밥은 먹었니?" "요즘 공부는 잘되니?"라고 질문하는 것은 소통이 아닙니다. "내 생각엔 이게 잘못된 것 같은데, 아빠는 왜 그렇게 생각하세요?"라고 스스럼없이 질문하고 그에 따른 피드백이 뒤따라야 합니다. 즉 피드백 루프feedback loop가 이루어져야 가정에서도 회사에서도 소통이 잘되는 것입니다.

우리나라에서는 많은 상사들이 부서원들과 소통을 하겠다고 직원들과 회식을 자주 합니다. 회식 자리에서 "올해 매출 목표가 얼마지?" "왜 일을 그 정도밖에 못했지?"라고 질문하면서 업무의 연장으로 이어지는 잔소리와 야단을 치는 경우도 많습니다. 이것이 소통이 아니라는 건 누구나 알고 있을 것입니다.

회식 자리에서 술만 잔뜩 먹이고는 자신이 직원들과 소통을 잘한다고 착각하는 상사도 비일비재합니다. 또 어떤 사람은 자랑 삼아 말하기도 합니다.

"저는 1년 열두 달 부하 직원들 몇백 명을 만났습니다.""제임기 3년 동안 하루에 한 명씩은 꼭 만났습니다." 물론 아무도 안 만나고 아무것도 안 한 것보다는 잘한 일이고 대단하다고 인정할 수도 있습니다. 그러나 그 만남의 내용이 안부 정도나 묻는 잡담 수준이었다면 그것은 소통이 아니라 보여주기식 쇼show라고 볼 수밖에 없습니다. 말하자면 소통을 빙자한 쇼, 소통이 아니라 '쇼통'인 셈입니다.

사실 우리나라 문화에서 많은 사람들이 있을 때 상사에게 어려운 질문이나 불만을 말하는 것은 예의에 벗어난다고 여겨져 쉽지 않습니다. 그래서 소통은 정말 힘든 것입니다. 소통이 안 되는 이유는, '쇼통'만 하고 있는 이유는 리더가 자신의 능력을 자만해서 부하의 의견을 항상 무시하거나 자기에게 아부와 아첨하는 사람들만 가까이 두는 폐쇄적인 조직 운영 때문입니다. 그뿐만 아니라 직속 부하들과 이야기하지 않고 대규모로 사원들을 상대로 하는 것은 그저 보여주기 위한 형식적 행사로 그칠 것입니다. 역사상 폭군, 암군暗君으로 표현되는 왕들의 전형적인 모습입니다.

현실적으로 우리나라의 일반적인 조직 문화에서는 직원들이 먼저 제 발로 찾아와서 리더에게 불만이나 개선점을 얘기하기가 어렵습니다. 같이 밥을 한 끼 먹더라도 대개는 분위기가 안 좋아질 게 겁이 나 덕담이나 주고받으면서 토크쇼처럼 끝나버리는 일이 다반사입니다.

'쇼통'이 아닌 진짜 소통이 이루어지기 위해서는 리더들이 많은 노력을 해야 합니다. 우선 소통하기 위한 필요조건은 상사가 부르지 않아도 자연스럽게 찾아와야 할 '유인책' 같은 것을 만드는 것이겠지요.

소통의 궁극적 목적을 생각하라

제가 실행한 소통의 방법을 소개해드리겠습니다. 위임의 중요성이 다시 한번 대두됩니다. 저는 회의도 별로 하지 않고 위임할 수 있는 일들은 부하들에게 최대한 위임했습니다. 그러다 보니 권한을 위임받은 사람들이 스스로 먼저 찾아온다는 점을 알 수 있었습니다. 권한 위임이 잘 이루어졌을 때 찾아오는 직원 유형을 세 가지로 나눌 수 있습니다.

첫 번째는 어떤 일을 하기 전에 자기 생각이나 계획이 잘될지 안 될지 불안해서 상의하러 오는 사람입니다. "이 프로젝트를 이렇게 진행하려는데 어떻게 생각하시는지요?"라고 물어보려고 스스로 찾아옵니다. 저는 그 임원이 어떤 생각을 해왔고 어떤 문제점을 고려하고 있는지 알게 되고, 자연스럽게 그 프로젝트에 대해 조언할 수 있게 됩니다.

물론 제 생각과 다른 경우에도 특별한 경우가 아니라면 질문을 할 뿐 지시를 하지는 않습니다. 질문을 통해 다른 방법도 생각해보라는 기회를 주는 것이지요. 기다려주는 것도 리더의 덕목입니다.

두 번째는 어떤 일을 하려는데 저의 도움이 필요한 사람입니다. 인력이나 예산 부족, 타 부서와의 협조, 심지어는 업무 공간의 확충 때문에 저의 판단이나 결정을 필요로 하는 것입니다. 부서 간의 협력 정도나 업무의 우선순위가 잘 정해졌는지 보고만으로는 알 수 없는 사실을 알게 될 수도 있습니다. 사소한 문제라도 조기에 파악할 수 있는 기회로 활용할 수도 있는 것입니다.

세 번째 유형은 드물기는 하지만 어떤 아이디어가 있는데 너무 좋다고 생각해서 자랑을 하러 오는 사람입니다. 칭찬과 격려도 하면서 아이디어를 서로 검토하는 과정에서 저도 새로운 것을 배울 수 있는 기회가 됩니다.

어떤 유형이 됐든 직원들이 찾아오면 더욱 생생하고 현실적인 고민을 나눌 수 있을 뿐만 아니라 리더의 아이디어나 경험도 충분히 공유해줄 수 있습니다. 자연스럽게 특정 업무나 사안들에 대한 피드백 루프가 이루어지는 것입니다.

'원칙을 기반으로 한 권한 위임, 권한 위임을 통한 자연스러운 소통 구조, 소통을 통한 피드백 루프로 업무 효율 증진.' 이 모든 과정은 서로 긴밀하게 연결되어 있으며, 이 모든 과정에 대해 리더는 책임이 있습니다.

다시 한번 강조하자면, 올바른 조직 문화를 정착하려면 아무리 작은 것이라도 실천하는 모습을 보여주는 것이 가장 훌륭한 리더의 언어일 것입니다.

악마의 변호인 제도에 대한 유감

자연스러운 소통 문화와 관련해 생각해볼 만한 이야기를 하나 더 해볼까 합니다. 악마의 변호인devil's advocate은 '일부러 반대 입장을 취하는 사람' 또는 '선의의 비판자 역할을 하는 사람'을 뜻합니다.

이 말의 기원은 가톨릭교회에서 성인을 추대할 때 모두가 잘못된 판단을 하는 것을 방지하기 위해 반드시 반대 의견을 내게 하는 사람을 만든 데서 유래한 것이라고 합니다. 강제로 반대 의견을 낼 권리를 한 사람에게 부여하는 것이지요.

일부 회사에서도 의사 결정이 이루어지는 자리에서 아무도 사장이나 대표의 의견에 반대하지 않는 것을 방지하기 위해 특정 사람에게 악마의 변호인 역할을 부여하는 경우가 있다고 합니다. '선의의 비판자'라는 의미에서 보면 악마의 변호인은 그럴듯해 보이기도 합니다. 하지만 저는 악마의 변호인을 둘 수밖에 없는 가장 큰 이유가 리더들이 만들어온 수직적 조직 문화 혹은 소통 부재 때문은 아닌지 생각해보게 됩니다.

악마의 변호인이 필요한 조직은 평소에 그만큼 상사와 부하의 소통이 차단되어 있기 때문은 아닐까요? 예를 들어서 악마의 변호인 제도를 도입한 회사는 안건마다 반대 의견을 내는 사람을 순번대로 지정할 것입니다. 개인적으로 안건에 찬성하는 의견을 가지고 있더라도 악마의 변호인이 된 직원은 억지로라도 비판하는 의견을 내야 하겠지요.

만일 그렇다면 악마의 변호인 역할을 맡은 사람은 왜 굳이 그런 스트레스를 받아야 할까요? 그것도 일종의 정서적인 괴롭힘은 아닐까요? 이런 시스템을 만들어놓고 "우리 조직은 민주적이며 의견 개진이 자유롭다."라고 말하는 리더는 뭔가 단단히 잘못된 것입니다.

조직이 평소에 자유롭게 의견을 개진할 수 있는 문화를 가지고 있었다면 악마의 변호인 같은 역할은 처음부터 필요치 않을지도 모릅니다.

Q 경영 목표를 어떻게 정해야 신뢰를 받을까요?

멀리갈 것인가, 빨리갈 것인가
경영 목표 설정

제가 경영자들에게서 많이 받은 질문 중 하나는 "경영 목표를 적정하게 설정하는 좋은 방법이 있습니까?"라는 것이었습니다. 계획한 목표 대비 실적 차질이 발생하여 낭패를 보는 경우가 있었기 때문이라고 생각합니다. 계획보다 시황이 좋을 때는 공급망supply chain의 준비 부족으로 시장 요구에 응할 수 없어 고객 만족도가 떨어지고 기회 손실이 발생합니다. 반면에 시황이 나쁠 때는 재고가 쌓이면서 현금 흐름cash flow도 나빠지고 협력사에도 피해를 주게 됩니다. 어느 경우에도 경영에 부담이 생깁니다.

요즘처럼 경영 환경이 급격히 변화하는 상황에서는 계획한 목표를 기준점으로 두고 상황 변화에 신속히 대응하는 시스템을 구축하는 것이 회사의 실력이 될 것입니다. 상황 변화에 대응하지 못하는 계획 자체도 문제이지만 경영자들의 목표 설정에 대한 태도도 문제가 되기도 합니다.

그것은 목표가 아니라 속임수다

많은 사람들이 사업부장이나 최고 경영자가 되면 '전임자보다 혹은 작년보다 좋은 성과를 내야 한다'는 강박감으로 '성장'이라는 기조에 매몰된 채 시황과 무관하게 무리한 목표를 세우다 경영을 망치는 경우를 종종 보게 됩니다. 달성 가능성 여부와는 상관없이 의도적으로 목표를 높게 설정하는 것이지요. 높게 잡으면 아무리 못해도 어느 정도 성장하지 않을까 하는 논리로 그렇게 하는 분들이 의외로 많습니다. 그 속셈은 이렇습니다. '50% 성장하겠다는 계획을 잡으면 못해도 20%는 하겠지.'

얼핏 생각하면 그럴듯하지만 이런 방식이 계속되면 나중에는 계획은 계획일 뿐이고 반드시 달성해야겠다는 의지가 약해지면서 점점 경영진과 실무진이 서로를 믿지 않게 됩니다. 스포츠팀 감독이 '우승을 목표로 한다고 하면 최소한 준우승은 하지 않을까?'라는 착각과 같습니다.

무리한 성장 목표를 세우면 또 다른 문제를 초래합니다. 50% 성장한다는 목표를 잡으면 투자, 인력 배정, 원부자재 공급망 구축 등도 그에 맞춰 계획을 잡을 수밖에 없습니다. 가령, 이 목표에 맞춰 100만 개를 만든다고 하면 협력사에도 부품 100만 개를 만들라고 해야 합니다. 그런데 협력사가 그만큼을 준비했는데 정작 가져다 쓰지 않으면 어떻게 될까요? 다른 제품에 활용할 방법이 없다면 부실 재고 처리를 할 수밖에 없습니다. 이 모든 것은 애초에 목표가 잘못 세워졌기 때문에 생기는 문제입니다.

목표를 의도적으로 낮춰 잡는 경우도 있습니다. 이유 불문하고 목표 달성을 못 하면 질책당하는 조직 문화에서 나타나는 전형적 현상입니다. 처음부터 할 수 있는 목표보다 낮게 잡고 항상 계획 대비 초과 달성한 것처럼 보이게 만드는 것입니다. 예를 들면 실제로 150억 달러의 매출을 할 수 있는데도 목표를 100억 달러로 잡은 후 나중에 50% 초과 달성했다고 자랑스럽게 말합니다. 대부분의 회사에서는 이런 경우 잘했다며 칭찬해주고 치켜세워주곤 합니다. 담당 실무진도 목표 달성을 쉽게 할 수 있다는 사실을 알고 있기 때문에 깊이 고민하지 않고 대충대충 계획을 세웁니다. 노력은 하지 않고 편법이 난무하는 나쁜 문화가 생기는 셈이지요.

문제는 또 있습니다. 목표 대비 생산과 매출이 급증함으로써 계획에도 없는 리소스를 추가 투입해야 하는 불합리한 일이 발생하게 됩니다. 그 과정에서 다른 부서가 써야 할 리소스를 가져다 썼기 때문에 결과적으로는 다른 부서의 희생을 기반으로 한 결과입니다. 이런 상황이 되었다는 건 처음부터 목표를 제대로 세우지 않고 시작했다는 반증입니다. 이것이 과연 칭찬받을 만한 일일까요?

이런 사례들은 엄밀히 따져보면 일종의 속임수cheating와 같습니다. 매출을 항상 초과 달성한 것처럼 보이게 하려는 속임수를 통해서 남을 희생시키고 자신을 포장하는 것입니다. 미국에서도 망하는 기업들은 대개 이런 이유 때문입니다. 그러므로 경영자는 이런 점들을 세심하게 관찰하고 피해야 합니다.

빨리 갈 것인가, 멀리 갈 것인가

앞에서 언급한 것처럼 의도적으로 조작된 계획을 세우지 않더라도 흑자가 나고 있는 상황에서는 대부분 모든 상황을 낙관적으로 보고, 적자 상황에서는 뭐든지 비관적으로 보기 마련입니다. 너무 비관할 필요는 없지만 그렇다고 너무 낙관해서도 안 됩니다. 현재 상황이 어떤지를 객관적으로 파악했다면, 그다음으로는 도전할 수 있으며 성취 가능한challengeable and achievable 목표를 세워야 합니다.

경영의 주요 지표는 매출, 이익, 시장 점유율 등이지만 세부적으로 보면 수많은 지표가 있습니다. 그럼 어떤 식으로 접근하면서 경영 목표를 세우는 것이 좋을까요? 물론 현재 사업의 형태, 크기, 시장에서의 위치 등에 따라 다를 것입니다.

제가 가장 중요하게 생각한 지표는 '시장 점유율'입니다. 시장 점유율은 회사의 경쟁력과 시장에서의 위치를 알 수 있는 가장 중요한 지표이기 때문입니다. 점유율을 급격히 올리기는 힘들지만 급격히 떨어지는 일은 종종 있습니다. 점유율이 떨어진다는 것은 경쟁력이 떨어지는 것과 동일합니다. 2000년대 말 휴대폰 세계 1위 업체였던 노키아의 추락과 시장 퇴출을 돌이켜보면 충분히 이해할 수 있을 겁니다. 시장에서 우월한 위치에 설 때까지 점유율을 높이고 1위가 되었다면 2위와의 격차를 벌리는 것이 초격차를 달성하는 길이기도 합니다.

저는 경영 목표를 세울 때 시장 점유율을 확대하기 위해 항상 예상되는 시장 성장률보다 조금 크게 잡는 것을 최우선 원칙으로 삼았습니다. 예를 들어 내년 메모리 시장의 성장률이 30%라고 예상된다면 우리는 35%를 잡는 것입니다. 내년 성장률이 제로(0%)라고 예상된다면 우리는 5%만 하면 됩니다. 제로가 예상되는데도 30%를 잡을 수는 없습니다. 과도한 투자로 밀어붙일 수도 있겠지만, 그에 따른 후유증이 클 것 또한 분명하겠지요.

시장이 역성장한다면 제로 성장을 유지하는 것도 좋은 것입니다. 유지하기 때문에 크게 무리하지 않을 것이고 리스크도 줄일 수 있습니다. 시장이 역성장하는 상황에서 우리가 20~30%를 하려면 경쟁사의 것을 가져오기 위해서 가격을 내리거나 그 밖에 여러 가지 편법을 쓰는 무리수를 두게 될 텐데, 그러면 오히려 부작용을 낳게 되는 것입니다.

초등학교나 중학교 때 천재라고 평가받으면서 갑자기 대학으로 건너뛰는 아이들의 인생은 과연 행복할까요? 건너뛴 기간은 그 아이의 삶에서 빈 공간으로 남아 있을 것입니다. 지식은 단기간에 늘었을지 모르지만 감정의 공백을 피할 수는 없습니다. 무리수를 두다가 반짝하고 사라지는 기업들이 많은 건 바로 이런 부작용의 결과입니다. 그러므로 과유불급過猶不及, 조금씩 앞서가는 것이 좋습니다.

한 번에 20~30%를 늘리는 게 아니라 몇 년에 걸쳐 남보다 5%씩만 앞서가는 것만으로도 충분합니다. 처음에는 차이가 얼마 안 나는 것 같더라도 시간이 지나면 지날수록 결과적으로 남들보다 훨씬 높은 곳에 도달해 있을 것입니다.

시장 점유율 확대를 위한 생산량이 결정되면 이에 필요한 투자, 인력 수급, 원부자재 조달 계획을 수립하면 됩니다. 생산량에 따른 원가 절감 계획, 개발 제품의 포트폴리오 조정이 뒤따르면 됩니다.

물론 스타트업이나 플랫폼 사업을 하는 분야라면 경영 목표를 정하는 방법이 다를 것입니다. 시장이 형성되어가는 신규 분야라면 매출 성장을 우선시하고 이익은 나중에 생각해도 됩니다.

극단적 목표와 성취 가능한 목표

한번은 《초격차》를 읽은 어느 독자에게서 '성취 가능한 목표'와 '극단적 목표' 사이에 어떤 차이가 있는지 질문을 받았습니다. 왜냐하면 《초격차》에서 목표를 설정하는 것과 관련하여 이렇게 말씀드렸기 때문입니다.

저는 새로운 부서를 맡으면 그 부서의 분위기를 바꾸고, 새로운 미션을 줍니다. 목표를 높이 잡고aim high 전 구성원이 그 일을 통해서 지식과 실력을 축적하기를 요구합니다. 어떤 때는 아주 극단적인 목표extreme goal를 설정하도록 해서 구성원을 벼랑 끝까지 몰고 갈 때도 있습니다. 도저히 달성하지 못할 것 같은 계획을 세우고 무모해 보이는 경영을 하기도 합니다. 이런 극단적인 목표는 하루 이틀 만에 해결될 수 없는 장기 과제를 말합니다. 그러나 이런 과제를 수행하면서 사람과 조직은 성장하기 마련이지요. ㅡ《초격차》, 135쪽.

많은 사람들이 오해하는 것 중 하나가 이것이었습니다. 조직 구성원 개개인에게 부여되는 목표가 극한이면 조직 전체의 목표도 극한으로 가야 한다고 생각하는 것이지요. 그러나 최종 목표는 사실 개인의 힘으로 통제할 수 있는 것이 아닙니다. 즉 시장 상황, 국내외의 정세 등과 같은 외부의 영향을 피할 수 없습니다. 이를 전제로 최소한 경쟁자보다 앞서갈 수 있을 만큼 '성취 가능한 목표'를 잡는 것이 중요합니다. 이에 반해 '극단적 목표'는 내부적으로 100% 통제할 수 있는 것이며, 이는 최종 목표를 달성하기 위한 것이어야 합니다.

좀 더 이해하기 쉽도록 예를 들어보겠습니다. 우리나라 축구 대표 팀이 월드컵에 출전할 때에는 '성취 가능한 목표'로서 16강 진출을 목표로 세울 것입니다. 그렇다면 16강 진출이 목표라고 해서 선수들의 100미터 기록도 13~14초 정도에서 만족해야 할 까요? 아닙니다. 성취 가능한 목표가 16강 진출이라고 해도 감독 은 선수들 개개인의 100미터 기록이 11~12초까지 나올 수 있도 록 벼랑 끝edge으로 밀어붙여야 합니다. 물론 이러한 극단적 목표 는 철저한 개인 관리, 체계적이고 강도 높은 훈련을 통해서 내부 적으로 통제될 수 있어야 하겠지요.

2002년 월드컵 당시에 히딩크 감독이 처음부터 월드컵 4강 을 목표로 했을까요? 아니었을 것입니다. 성취 가능한 목표로서 16강에는 진출한다는 목표를 세웠지만 선수 개개인의 체력이나 전술 이해력을 극한으로 밀어붙였기 때문에 결과적으로 16강을 넘어 4강까지 갈 수 있었던 것이 아니었을까요?

100등을 하는 학생이 50등 안에 드는 것을 성취 가능한 목표 로 잡았다고 해서 공부를 설렁설렁하지는 않을 것입니다. 수학을 먼저 공략할 것인지, 사회를 먼저 공략할 것인지 정했다면 세부 목표를 달성하기 위해 학업 계획을 극단으로 밀어붙여야 합니다.

앞에서도 언급한 것처럼 "200억을 목표로 잡아야 110억은 할 수 있다."라고 말하는 사람들은 '성취 가능한 목표'와 '극단적 목 표'를 완전히 착각하고 있는 셈입니다. 이런 식으로 숫자에 대한 신빙성을 떨어뜨려 놓으면 일하는 사람들도 굳이 지킬 필요성을 느끼지 못하게 되는 것입니다.

> ## Q 조직 만족도를 높이려면 어떻게 해야 하나요?
>
> ---
>
> ## 불평불만을 줄이는 원칙과 시스템
> **공정성**

모 든 조직은 정도의 차이는 있더라도 상당한 수의 구성원
이 불만을 가지고 있습니다. 절대다수가 불만을 가지고
있는 극단적 상황만 아니라면, 그것을 어떻게 처리하느냐에 따라
조직의 발전을 위한 좋은 자극제가 될 수도 있습니다.

어떤 경영자들은 자신이 조직을 위해 많은 것을 하고 있는데
도 임직원의 불만이 많다며 오히려 화를 내기도 하더군요. 물론
소수의 사람이 상식에서 벗어난 불만을 표출하는 때도 있지만,

다수가 불만을 가지고 있다면 회사에 문제가 있다고 심각하게 검토해봐야 합니다. 임직원의 불만이 쌓이면 분위기도 나빠져 일을 제대로 할 수가 없습니다.

직원의 불평불만이 끊이지 않고 경영자는 경영자대로 늘 피로에 절어 있는 회사는 대부분 원칙이 없습니다. 상사는 부하 직원들의 불만을 들어주기 위해서 수시로 시스템을 조정하고 개선하려다 보니 시간은 시간대로 빼앗기고 불만은 불만대로 사라지지 않습니다. 원칙은 그래서 꼭 필요합니다.

받아들이는 사람 중심의 공정성

그럼 무엇에 가장 불만이 많을까요? 아마도 가장 큰 불만은 "우리 조직은 공정fair하지 않다."일 것입니다. 사실 '공정하다'는 말은 사람마다 판단 기준이 달라 정의 내리기가 쉽지 않습니다.

다음과 같은 비유를 들어보겠습니다. 대학생, 고등학생, 중학생인 세 명의 아들이 있습니다. 어떻게 용돈을 주는 것이 공정할까요? 대부분은 학년별로 조금씩 차등해서 주는 것이 공정하다고 대답합니다. 이때 고등학교에 다니는 아들이 질문합니다. "왜 형은 2만 원을 주고, 저에게는 1만 원만 주세요?" 그러면 부모는

형이 학년이 더 높고, 그만큼 쓸 데가 많기 때문이라고 대답할 것입니다. 그러면 다시 아들이 질문할 것입니다. "저도 쓸 데가 많아요." 이제 부모는 뭐라고 대답해야 할까요? 이렇게 용돈 차등 지급의 문제도 공정성이란 무엇인가를 다시 생각해보게 합니다.

학년별로 차등해서 지급한다는 기준은 '부모가 정한 것'이지 용돈을 받아서 쓰는 '아들의 입장은 반영되지 않은 것'입니다. 기업에서도 마찬가지입니다. 상사는 공정하게 했다고 생각하지만 정작 받아들이는 사람은 공정하지 않다고 생각하게 되는 것입니다. 공정성에 대한 판단은 제도를 만든 사람이 하는 것이 아니라 그것을 받아들이는 사람이 하는 것입니다.

일반적으로 기업에서 공정하지 않다는 목소리가 나오는 데에는 세 가지 원인이 있습니다. 기회의 공정성, 과정의 공정성, 평가의 공정성에 관한 것입니다. 최근 우리 사회에서도 같은 문제로 논쟁이 많은 것이지요.

기회의 공정성

첫 번째는 기회의 공정성입니다. 누구에게는 좋은 기회가 주어졌는데, 나에게는 기회가 아예 없거나 별 볼 일 없는 기회를 준다고 생각하는 것이지요. 회사에서도 부서별 혹은 개인별로 그런 불만이 있기는 마찬가지입니다. 신입 사원이 자기 의지와 상관없이 원치 않는 부서에 발령을 받고 나서 배치에 대해 반발을 하는 것도 기회의 공정성이 결여되었다고 생각하기 때문입니다.

업무를 추진할 때도 다른 부서는 편한 일만 하고 우리 부서만 고생하는 일을 하고 있다고 느낀다면 업무 배분이 불공정하다고 생각하게 됩니다. 과거에 영업 부서에서는 여사원을 받지 않으려고 했는데 그 또한 기회의 박탈이라고 볼 수 있습니다. 이렇게 조직의 여러 분야에서는 기회의 공정성에 대한 문제 제기가 많을 수밖에 없습니다. 합리적이고 상식적인 규칙과 원칙이 없고 공정성 판단의 기준이 달라 불만이 생기는 것입니다.

그렇다면 기회의 공정성을 어떻게 확보하는 것이 좋을까요? 신입사원은 뽑을 때부터 자신이 지원하는 부서를 미리 정하게 하는 것입니다. 지금도 그렇게 하는 회사가 있기는 하지만 범위가 너무 넓습니다. 단순히 제조, 개발, 영업 분야로 나눌 뿐이지요. 야구팀에서 선수를 뽑을 때 투수, 포수, 내야수, 외야수로 세분하는 것과 같이 범위를 좁혀야 합니다. 이렇게 해서 자기가 실제로 원하는 부서에서 일해야 불만도 없고 이직률도 낮아지게 될 것입니다.

이를 위해서는 신입 사원 선발 원칙도 세워야 합니다. 기존 사원들도 마찬가지입니다. 각 부서는 필요 인력에 대한 사내 공고를 항상 해야 한다고 생각합니다. 물론 필요한 기술이나 지식에 대한 내용도 포함해야겠지요. 다른 부서원들도 그곳에 갈 의향이 있으면 담당 부서와 인터뷰를 한 후 전배할 수 있는 기회를 주는 것입니다.

기존 부서장은 일을 잘하는 직원이라면 반대하겠지만, 그런 자유로운 이동이 보장되어야 소위 조직 관리에도 신경을 쓸 것입니다. 한편, 어느 특정 부서에서 떠나려는 직원이 많다면 부서장의 문제이거나 의미가 없는 부서라는 것을 인지할 수도 있습니다. 물론 이런 제도를 악용해 계속 부서를 옮겨 다니는 직원이 있어서는 안 될 것입니다. 이런 경우 외국에서는 해고라는 페널티까지 받게 됩니다.

개인은 그렇더라도 부서와 관련된 공정성은 어렵습니다. 회사는 생존과 성장을 위해 선택과 집중을 하는 경우가 있기 때문에 기회의 공정성을 적용하기 힘들 때가 있습니다. 삼성에서 반도체를 시작할 때도 메모리에 집중해서 성공한 것입니다. 만약 메모리와 시스템 반도체(비메모리)를 모두 하려 했다면 실패했을 가능성이 컸겠지요. 따라서 부서 간의 공정성은 임직원과 회사의 방향에 대해 미리미리 설명하고 생각을 공유하는 것이 필요합니다.

과정의 공정성
둘째는 과정의 공정성입니다. 같은 기회를 주었더라도 실행 과정에서 누군가는 도움을 받고 누군가는 아무런 도움을 받지 못했다고 느끼는 것입니다. 회사에서는 사업 혹은 프로젝트별로 자원을 분배하는 과정에서 차별을 둘 수밖에 없습니다. 그렇게 해야 경쟁력 있는 기술이나 제품이 나오기 때문입니다. 그런데 많은 조직에서 자원을 모든 부서에 n분의 1로 균등 배분을 하고 있습니다. 모두가 좋아하겠지만 남는 것은 아무것도 없이 자원만 낭비하게 됩니다. 따라서 앞서 언급한 지원 원칙을 세우고 추진하면 과정의 공정성에 대한 불만도 합리적으로 줄일 수 있을 것입니다.

평가의 공정성

마지막으로 평가의 공정성입니다. 내가 더 잘한 것 같은데 왜 저 사람은 A를 받고 나는 B를 받아야 하는지 납득하지 못하는 것입니다. 우리나라 대입 제도에서 수시 전형도 평가의 공정성 문제로 논쟁이 있는 것이지요. 우리나라의 기업 대부분은 모든 업무를 상대 평가하는 경향이 있습니다. 즉 연구소에 있는 사람과 제조 라인에 있는 사람, 영업을 하는 사람을 모두 합쳐놓고 그중 10%는 A, 20%는 B… 같은 방식으로 강제 배분하는 것입니다. 상대 평가를 하면 불만의 대상은 항상 회사가 됩니다. '배고픈 건 참을 수 있어도 배 아픈 건 못 참는' 상황이 일어나는 것입니다.

세 아들에게 용돈을 주는 비유에서 본 것과 같이 평가 또한 평가받는 사람이 어떻게 받아들이고 해석하느냐에 따라 공정성 유무가 결정되는 것입니다. 그런데도 경영자나 리더들은 늘 자기 관점에서 공정한 것 같으니 문제가 없을 것이라고 생각하곤 합니다. 받아들이는 사람은 늘 그렇지 않다고 생각하는데도 말이지요.

그러므로 공정성을 말할 때 가장 중요한 것은 주는 사람이 공정하다고 말하는 것이 아니라 받는 사람이 느끼기에 공정하다고 느끼도록 하는 것입니다. 이 문제를 어떻게 하면 좀 더 합리적으로 풀어나갈 수 있을까요?

평가가 완벽하게 이루어지지 않는 문제도 있지만 고과를 받는 직원도 자기 기준으로 판단합니다. 제가 경험한 바로는 밤늦게까지 혹은 주말에도 일했던 직원이 고과가 신통치 않으면 우리 회사는 공정하지 않다고 불만을 말하게 됩니다. 성과와 노력을 동일시하기에 생기는 현상입니다. 또 다른 문제점은, 상사가 나는 A를 주고 싶은데 회사의 강제 배분 기준에 의해 B를 줄 수밖에 없다고 말하면서 일종의 책임 회피를 하는 경우입니다. 고과 평가의 결과에 대한 임직원의 불만이 고스란히 회사의 탓이 되는 것입니다.

공정한 평가를 위한 제안

저는 평가 대상을 업무 방식에 따라 두 그룹으로 나누어보았습니다. 하나는 연구 개발, 영업 부문 등 성과로 평가받는 연봉제가 도입된 그룹이고, 다른 하나는 제조 라인에서 일하는 생산직 직원처럼 시간을 기반으로 일하는 그룹입니다. 시간을 기반으로 하는 업무는 성과를 기반으로 하는 업무보다는 평가하기가 상대적으로 좀 더 수월합니다. 같은 시간에 누군가는 100개를 만들고 또 누군가는 50개를 만들었다면 객관적인 측정이 가능하므로 상대 평가를 해도 불만이 적을 가능성이 높습니다.

반면 성과 기반의 업무는 상대 평가가 매우 어렵습니다. 부서별로 성과에 대한 기준이 다르기 때문입니다. 연구 결과와 영업 결과를 1:1로 비교하기가 힘들기 때문이지요. 기업에서 평가 시스템은 직원의 임금과도 직결되는 것이기에 저 역시 많이 고민했던 문제였습니다. 부서마다 다른 성격의 업무를 처리하기 때문에 동일한 평가 기준을 적용할 수도 없습니다.

이런 경우에는 각 프로젝트 책임자 또는 부서장들에게 직접 절대 평가를 하도록 권한을 위임하는 것입니다. 예를 들어 부서장이 A를 주고 싶은 사람에게 모두 A를 줄 수도 있습니다. 다만 이때 가장 중요한 전제는 신뢰성을 기반으로 한 자율과 책임입니다. 리더들에게 평가 권한을 위임하는 대신 평가 결과에 대한 책임도 동시에 갖도록 하는 것입니다.

예를 들어 연구개발 부서장이 자신의 팀원들 모두에게 A를 부여했는데, 경영자나 제삼자가 보기에 그중 누군가는 퍼포먼스가 A에 못 미칠 수도 있습니다. 평가를 남발한 부서장은 그에 대한 책임을 져야 할 것입니다. 처음에는 어려울지 몰라도 이런 권한 위임은 리더들을 더 고민하게 합니다. 자신의 부하 직원들을 설득하는 과정을 통해서 실력도 늘 뿐만 아니라 미래에 더 좋은 매니저가 되기 위한 기본 연습을 할 수 있습니다.

이 경우에 예상되는 우려는 모두에게 A를 주었을 때 총 연봉 예산이 증가한다는 것입니다. 이는 연봉과 고과를 느슨하게 결합loose coupling하는 방식으로 해결할 수 있습니다.

《초격차》에서 제안 했던 4P 시스템Pay by Performance, Promotion by Potential을 응용해보면 될 것 같습니다. 예를 들어 올해 연봉 예산이 지난해보다 5% 올랐다고 가정해봅시다. 일은 잘하지만 당장 가시적 성과가 없었던 사람에게는 2% 정도를 인상하는 대신 A를 주면 됩니다. 상위 고과자가 향후 승진에 유리하게 작용하도록 하는 것이지요. 즉 같은 A를 받더라도 인상률에 차이를 두면 됩니다. 불만이 생길 수 있는 요인을 최대한 축소하는 것입니다.

많은 기업들이 본사나 인사팀에서 내려오는 연봉 인상률만을 가지고 어떻게 나눌지 갈팡질팡하다가 결과적으로 공정하지 않다는 원성을 듣습니다. 나중에는 모든 손가락질이 회사로 향할 수밖에 없는 것이지요. 그러므로 앞에서 제안한 방식과 같이 경영자는 내부 잡음의 요인을 국부화하고 극소화하는 방향으로 가야 합니다.

국부화, 즉 로컬라이징localizing을 하려면 부서장들에게 충분한 권한을 주어야 합니다. 불만이 터져 나오더라도 회사 전체가 아니라 부서장들이 책임을 지고 부서 내에서 해결할 수 있도록 하는 것입니다. 실제로 이런 시스템으로 가려면 처음 1~2년은 불합리하다고 여겨지는 문제들이 드러날 수도 있습니다. 만족하지 못하는 사람들은 여전히 존재할지 모르지만 전체를 보면 불공정하다는 느낌을 줄어들게 할 수 있을 것입니다.

능력 있는 사람이 오래 일하는 조직
직무 만족도를 높이는 법

오래전에 읽었던 책에 이런 이야기가 있었습니다. 조선 시대에 한 외국인이 조선 사람들의 일하는 모습을 관찰했습니다. 그 외국인은 처음에는 조선 사람들이 일하는 것을 싫어하고 대체로 게으르다고 보았습니다. 그런데 그 후 만주 지역에 갔더니 같은 조선 사람인데도 완전히 다른 사람이 된 것처럼 열심히 일하더라는 것입니다. 그 이유가 무엇이었을까요?

조선 반도에서는 권력층의 백성 수탈이 일상화되어 있어서 어차피 열심히 일해도 다 빼앗길 거라는 생각이 백성들 사이에 만연해 있었습니다. 하지만 간도 지역에서는 조선 반도와 달리 열심히 일할수록 그만큼의 보상이 주어졌던 것입니다.

많은 조직이 함께 일하는 사람의 속성을 너무 쉽게 평가해버리곤 합니다. "네가 그런 식으로 하니까 조직이 이 모양이지."라는 식으로 나무라는 경우도 너무 흔합니다. 과연 일하는 모습만으로 그 사람의 속성을 정확하게 판단할 수 있을까요?

혹시 그 사람은 원래 일도 스마트하고 아이디어도 넘치는 사람인데 조직의 시스템이나 상사들의 일하는 방식이 그 사람을 수동적이고 방어적으로 만든 것은 아닌지 한번 생각해볼 필요가 있습니다. 양파 껍질을 벗기듯이 한 꺼풀, 두 꺼풀 벗겨보아야 그가 어떤 사람인지 알 수 있습니다. 이것이 사람을 평가하는 첫걸음이기도 합니다.

기업의 리더들을 만나면 "우리 회사에는 똑똑한 사람이 별로 없다."라는 이야기를 종종 듣습니다. 임직원이 100~200명 정도 되는 회사에 정말 그런 인재가 없을까요? 저는 그렇게 생각하지 않습니다. 아무리 그래도 그중에 한두 명은 반드시 있다는 것이 제 생각입니다.

인재가 없다고 말하는 리더는 혹시 자기 자신이 제일 잘나고 유능하다고 생각하지 않는지, 그래서 하나부터 열까지 모든 것을 지시하고 관여하려 하지 않는지 스스로 되돌아볼 필요가 있습니다. 이런 식의 리더십은 조직 구성원들을 패배주의와 냉소주의에 빠지게 할 것입니다.

그러므로 사람을 볼 때는 그에게 숨겨져 있는 속성을 보고자 노력해야 합니다. 그래야 대책도 잘 세울 수 있습니다. 좋은 부모와 교사는 공부를 안 한다고 야단만 치는 것이 아니라 재미있게 공부하는 방법을 찾아서 제시해줍니다. 문제의 근본 원인을 찾는 것이지요. 하고 싶은 일을 할 때 재밌어하는 것이야말로 인간의 자연스러운 본성입니다.

불만의 근본 원인을 찾아서

구성원의 불만이 점점 쌓이면 회사에 대한 애정이나 업무에 대한 열정이 사라지면서 직무 만족도가 떨어지는 것은 당연한 결과입니다. 가령, 봉급 수준도 경쟁사에 비해서 높은 수준이고 사무 환경, 복지 시설 등도 뛰어난데도 불만이 사라지지 않는 경우가 있습니다. 그런 회사는 활기도 없고 실적도 점점 나빠집니다. 많은 회사들이 가진 고민이기도 하지요. 어떤 경영자들은 불만의 확실한 근본 원인을 찾아 해결하지 않고 임시방편으로 처리하다가 상황을 악화시키기도 합니다.

조직에 대한 불만이 커질 때 나타나는 일반적인 현상은 우수 인력의 퇴직률이 높아지는 것입니다. 인재를 확보하기도 어려운데 오랫동안 육성한 인재가 떠난다는 것은 회사로서는 엄청난 손실이 되는 것이지요. 더욱이 경쟁사로 이직이라도 한다면 최악의 상황이 되는 것입니다.

아직도 많은 경영자들이 금전적으로 최고의 대우를 해주면 충분하다고 착각합니다. 경제 수준이 낮을 때의 패러다임에서 벗어나지 못한 것입니다. 임직원의 직무 만족도가 낮은 대표적 이유를 정리해보면 다음과 같습니다.

- 자기 성장 기회 미흡
- 불공정한 평가와 보상
- 직속 상사와의 갈등
- 일과 삶의 균형 부족

첫째, 능력 있는 직원들의 불만은 상사가 자신이 배우고 성장할 기회를 주는 것이 아니라 잡일만 시킨다고 느끼는 것입니다. 그런 일도 해야 할 때가 있지만 너무 많은 시간을 회의와 보고 자료 작성이나 수정 등 가치가 별로 없는 일만 하다 보면 이 회사에서는 비전이 없다고 판단하는 것입니다.

아무리 연봉이 높더라도 경기에 나가지 못하고 벤치에만 앉아 있다면 만족할 선수가 있겠습니까? 비전이 없는데 단순히 급여만 높다고 만족하는 사람은 없습니다. 자신이 매일 성장한다고 느낄 때 업무에 최선을 다하는 법입니다. 그래서 권한 위임의 중요성은 다시 강조해도 지나치지 않습니다.

둘째, 회사의 불공평한 기회, 불투명한 과정, 불공정한 평가와 보상 때문입니다. 이는 앞서 자세히 언급한 공정성에 관한 내용과 같습니다.

셋째, 퇴사하려는 인재들과 인터뷰를 해보면 의외로 회사에 대한 불만보다 직속 상사나 동료와의 갈등으로 인한 경우가 꽤 많습니다. 상사의 부당한 지시나 강압적인 부서 분위기에 적응하기가 힘들기 때문입니다. 상사의 부적절한 행동으로 회사가 피해를 보게 된 셈입니다. 상사 개인의 문제가 아닌 회사 전체의 문제로 비화될 수 있으므로 사전에 방지해야 합니다. 이는 그런 조직 문화가 용인되도록 내버려 둔 최고 경영자의 잘못일지도 모릅니다.

넷째, 아직도 야근하고 주말에도 일하는 사람을 좋아하는 회사나 경영자가 있습니다. 패스트 팔로어 시절의 근무 태도에서 벗어나지 못하고 있는 셈이지요. 필요할 때는 며칠 밤이라도 일해야 하지만 쉴 때는 푹 쉬고, 개인 생활도 즐길 수 있는 '워라밸'을 할 수 있게 해주어야 신세대 직원들의 불만을 줄일 수 있습니다. 휴식은 방전이 아니라 충전입니다.

조직은 불만이 잉태되어 사고를 낳고 사고가 증가하여 몰락하는 것입니다. 따라서 경영자는 위와 같은 사항을 늘 유념하고 불만 요인을 줄이도록 노력해야 건전한 조직 문화를 정착시킬 수 있을 것입니다.

지속 성장의 근간은 인재

요즘 구직자들은 구직자들대로 취직할 데가 없다고 하고 기업들은 기업대로 뽑을 사람이 없다고 합니다. 이런 모순은 왜 생기는 걸까요? 특히 우리나라 중소·중견 기업이 고민하는 문제이기도 합니다. 중소·중견 기업이 대기업으로 성장하려면 좋은 인재들이 모여야 하는데 여건은 그렇지 못합니다. 입사했다가 몇 년 동안 경력을 쌓은 후 대기업으로 이직하는 경우가 많습니다.

우리나라 중소·중견 기업에 입사하기를 꺼리거나 쉽게 이직하는 이유는 크게 2가지로 압축됩니다. 첫 번째는 연봉과 같은 금전적 보상이 낮고, 지방에 위치해 있는 경우 지역적 핸디캡마저 가지고 있는 것입니다.

어쩌면 이것보다 더 중요한 두 번째 이유는 기업이 지향하는 바가 명확하지 않아서 직원들 자신이 그 회사에서 얼마나 성장할 수 있는지와 같은 비전을 제시해주지 못하고 있다는 것입니다. 기업 문화 자체도 예전 방식에 머물러 있고, 새로운 인재들이 더 진취적으로 뭔가를 해볼 만한 미래 비전이 기업들에서 보이지 않기 때문일지도 모르겠습니다. 게다가 창업자의 가족들이 모회사와 자회사의 사장, 부사장 등을 다 하고 있는데, 그런 곳에 들어가 봤자 평생 과장, 부장이나 하다가 말 것 같은 예감이 드는 건 당연한 이치일 것입니다.

지금까지 살펴본 것처럼 대기업, 중소·중견 기업 모두 지속 성장하려면 인재들의 불만을 최소화하기 위해 문제의 근본 원인을 찾아 해결해야 할 것입니다.

문제 해결의 처음과 끝
칭찬과 질책의 기술

우리나라 문화는 칭찬에 인색합니다. 그런데 상대적으로 질책은 쉽게 합니다. 저도 선배 경영자들로부터 칭찬보다는 질책을 받은 경우가 더 많았다고 느낍니다. 물론 일부러 야단치려는 것보다 더 잘해보라는 격려의 의미였겠지만, 듣는 사람은 대개 감정이 상하기 마련입니다. 어떤 리더는 의도적으로 야단치며 소위 '군기'를 잡으면서 자신의 권위를 세우려고 합니다. 그것은 권위가 아니라 권위주의겠지요. 권위는 자신이 만드는 것이 아니라 부하들이 인정할 때 저절로 생기는 것입니다.

요즘 같은 시대에는 야단만 친다고 일이 잘 수행되는 것도 아니지만, 그렇다고 "칭찬은 코끼리도 춤추게 한다."라는 말만 믿고 칭찬을 남발하면 더 나쁜 결과로 이어질 수도 있습니다. 모든 것이 적당한 선을 유지해야 합니다.

칭찬이나 질책이 효과를 거두려면 시간time, 장소place, 상황occasion이 명확한 상태에서 해야 합니다. 야단을 칠 때 지금 실수한 것 외에도 몇 년 전 일까지 끌어내서 야단치는 경우를 많이 보게 됩니다. 칭찬할 때도 마찬가지입니다. 일을 잘했을 때 즉시 칭찬하지 않고 있다가 몇 개월이 지나서 수고했다고 얘기하는 것은 아무런 의미가 없습니다. 배가 고플 때 밥을 줘야 고마워하지, 배가 부른데 밥을 줘봐야 전혀 고마워하지 않는 것과 같습니다.

칭찬과 질책에도 기술이 필요하다

달성한 성과에 맞는 적절한 칭찬은 당사자의 기분을 좋게 해 줄 뿐만 아니라 다른 사람들도 인정하게 되는 효과가 있습니다. 하지만 과한 칭찬은 당사자를 동료들로부터 시기의 대상이 되게 할 수 있고, 부족한 칭찬은 오히려 상사를 욕하게 합니다.

질책도 마찬가지입니다. 흔히 질책은 당사자에게만 조용하게, 칭찬은 여러 사람이 있는 곳에서 하라고 교육을 받지만 잘 못하는 리더들이 의외로 많습니다. 특히 부하를 야단치면 상대뿐만 아니라 상사 자신도 기분이 좋지는 않습니다. 저는 야단을 칠 때 언성을 높이거나 화를 내기보다는 조용히 개인적으로 불러 잘못을 지적하고 경고를 주곤 했습니다. 필요하다면 인사 조치를 취하는 게 제 방법입니다.

이처럼 개인적으로 야단치곤 했어도 같은 실수를 다른 임직원들이 되풀이하지 않도록 하기 위해서 누구인지는 공개하지 않되 실수의 내용은 공개했습니다. 즉 실수한 사람의 프라이버시는 지켜줘야 한다는 것이 제 생각입니다.

소위 능력이 있다고 자부하는 리더들 중에서는 회의나 보고 때 야단치는 것으로 시작하는 경우가 많습니다. 저도 그런 경험을 꽤 했었지요. 이런 상황에서는 분위기가 나쁘니 누구도 뭐라고 말하지 못하고 회의는 상사의 '원맨쇼'가 되고 맙니다.

특히 상사가 부하를 부하의 부하가 있는 상태에서 야단치는 것은 최악입니다. 집안에서 남편이 아내를 자식들 보는 앞에서 무시하고 윽박지르는 모습을 자녀들이 계속 봤다면 자식들이 아내를 존중하겠습니까? 회사도 마찬가지입니다. 그런데도 대다수의 상사들이 많은 사람들이 참석한 회의에서 직속 부하를 야단치는 일을 자신의 권위를 드러내는 일로 여기는 것 같습니다. 질책은 조용히 그러나 단호히 하는 것입니다.

업무와 관련된 일이 아니라면 장소에 구애받지 않고 야단쳐서 필요한 메시지를 전달할 수도 있습니다. 예를 들면 "홍길동 전무는 술 좀 줄이고 담배도 끊으세요."와 같은 것 정도이지요.

회사에서 신상필벌은 꼭 필요합니다. 업무상 실수로 회사에 10억 원의 손실을 끼친 사람과 1억 원의 손실을 끼친 사람이 있다면 누구에게 더 심한 질책을 하겠습니까? 당연히 전자이겠지요. 질문을 바꾸어볼까요? 새로운 방법을 시도하다 실수해서 발생한 10억 원의 손실과 장비의 정비 불량으로 발생한 1억 원의 손실이라면 어떻게 하시겠습니까?

그래도 대부분의 경영자는 10억 원의 손실에 더 심한 페널티를 줍니다. 어찌 보면 그것이 상식적으로 보이지만 잘한 질책의 방법은 아닙니다. 새로운 시도를 했다가 실패한 결과라면 중요한 정보나 경험을 얻은 부산물이 있는 반면에 개인의 잘못(규칙과 원칙이 있는데도 지키지 않아 발생한 것으로 저는 그것을 "직무 유기"라고 말합니다.)으로 인한 손실의 결과는 그야말로 아무것도 남지 않은 '낭비'에 해당하기에 질책의 방법도 달라져야 합니다. 다시 말해서 질책은 양보다 질을 기준으로 해야 올바른 행동 문화가 구축됩니다.

질책을 할 때 또 다른 유의 사항이 있습니다. 가정에서 자녀를 야단칠 때 아들과 딸 혹은 장남과 막내를 똑같은 방식으로 하십니까? 아마 아닐 것이라고 추측합니다. 사람마다 성향이 다른데 똑같은 방법을 쓰면 효과가 반감될 수밖에 없습니다. 회사도 마찬가지로 부서별로 방법을 달리해야 합니다.

오늘 사고로 야단을 맞더라도 다음 기회에 더 좋은 결과로 보상할 수 있는 부서나 직원은 심하게 야단쳐도 좋습니다. 그러나 '환경안전팀'처럼 사고가 없었다고 가치를 인정해주는 상사는 별로 없습니다. 공기나 물처럼 당연한 것처럼 여기다가 질이 나빠져야 가치를 인정하는 것과 같습니다. 그런 팀은 평소에 야단만 맞았지 칭찬받을 기회가 별로 없습니다. 그러니 사고가 나지 않은 것만으로도 잘했다고 칭찬해줄 필요가 있습니다.

이처럼 실수를 회복할 수 있는 조직과 없는 조직에 대한 칭찬과 질책은 각각 다른 기준으로 해야 합니다.

모든 문제는 조기 발견과 치료가 중요

좋은 조직은 문제점을 신속히 드러내고 해결책을 빨리 찾습니다. 그러나 많은 조직은 문제점을 드러내기는커녕 숨기기에 급급

합니다. 가정에서 자식들이 자기가 가진 문제를 부모에게 잘 이야기하지 않는 것과 같습니다. 무엇이 그들을 그렇게 만들었을까요? 이 역시 조직 문화와 밀접한 관계가 있다고 생각합니다. 일반적으로 조직 문화에 가장 큰 영향을 미치는 사람은 그 조직의 최고 책임자입니다. 집에서는 가장이고 회사에서는 최고 경영자겠지요.

최고 경영자가 야단과 질책을 많이 하는 성향이라면 문제가 확실히 밝혀질 때까지 아무도 언급을 하지 않습니다. 자기가 먼저 야단맞지 않으려 하기 때문이지요. 다른 부서에서 어떤 부서의 잘못된 점을 인지하더라고 서로 못 본 체하게 됩니다. 괜히 말했다가는 고자질처럼 보일까 봐, 부서 간의 갈등만 유발할까 봐 두려워하는 것입니다. 건설적인 지적이 활성화되지 않고 파괴적인 침묵이 조직 내에 만연해집니다. 피드백이 전혀 없는 죽은 조직이 되는 것이지요.

뒤늦게 문제가 드러날 때쯤이면 그 조직은 수습할 수 없을 정도로 최악의 상태가 됩니다. 암도 조기에 발견되면 완치율이 높지만 말기에 발견하면 사망률이 높은 것처럼 회사의 문제도 조기에 발견해야 큰 사고로 가는 것을 사전에 막을 수 있습니다. 이러한 문제점이나 리스크를 최소한으로 하려면 우선 최고 경영자를 비롯해 고위 임원들이 질책 위주의 문화를 바꾸어야 합니다. 야단을 치더라도 앞서 이야기한 대로 개인에 대한 질책이나 공개 석상에서의 질책은 문제점을 드러내는 관점에서는 좋은 방법이 아닙니다.

문제를 드러내고 시기적절하게 해결하려면 제도의 개선이 먼저 이루어지는 것이 좋습니다. 우선해야 할 일은 '만일의 사태를 위한 계획contingency plan'을 세우는 일입니다. 환경안전 사고, 인사 사고, 법률 사고 등등 많은 경우에 대한 대책을 미리 수립해야 합니다. 또한 문제가 발생했을 때 신속하게 처리하려면 사전에 관련 부서의 역할과 책임R&R을 명확히 정해놓아야 하겠지요. 문제가 발생했을 때 어느 부서에 책임이 있는지 모르면 대혼란을 피할 수 없을 것입니다.

협력할 수밖에 없는
조직을 만들려면
협력과 시너지

어떤 리더는 직원들의 능력을 최대한 끌어내겠다며 혹은 성과를 극대화한다는 명목으로 임직원을 경쟁 상태로 몰아넣습니다. 임직원들은 살아남기 위해 수단과 방법을 가리지 않고 동료 직원들과 경쟁에만 몰두할 뿐 서로 소통도 하지 않고 신뢰하지 않게 됩니다. 조직은 동물의 왕국처럼 됩니다. 조직 내부에서의 경쟁으로 어느 정도 성과를 볼 수 있을지 모르지만 이는 지속 가능한 방법이 아닙니다. 앞서 언급한 것처럼 인간이 만물의 영장이 된 이유 중 하나가 '협력'하는 속성인데 그것이 없다면 동물과 다를 바가 없는 것이지요.

협력은 내부에서, 경쟁은 외부와

한 회사 안에 있는 A 개발팀이 B 개발팀보다 더 높은 성과를 내기 위해 7월에 내기로 한 결과물을 6월로 앞당겨 출시했지만, 경쟁사에서 같은 결과물을 5월에 출시했다면 성과고 뭐고 아무런 의미가 없습니다. 그냥 경쟁사에 진 것입니다. 내부 경쟁에만 초점이 맞춰져 있으면 이런 결과가 초래되기 마련입니다. 물론 단기적으로 내부에서 경쟁을 시키는 예외적인 경우도 있습니다.

예를 들어서 어떤 프로젝트를 진행하기 위해 A라는 방법과 B라는 방법이 있는데 어떤 것이 더 좋은 방법인지 명확하게 의사결정을 내릴 수 없는 상황이 그렇습니다. 이런 상황에서는 어느 정도 시간을 두고 2가지 방법을 체크해보는 것이지요. 다양한 정보를 수집하고 여러 가지 시도를 해볼 수도 있습니다. 그렇지만 이 기간이 장기간 늘어져서는 안 됩니다. "3개월 안에는 무조건 결정을 내린다." 같은 식으로 최대한 그 기간을 짧게 두어야 합니다.

우리의 경쟁 상대는 내부에 있는 것이 아니라 외부에 있습니다. 외부와 경쟁해서 이기고 살아남으려면 내부에서는 협력이 이루어져야 한다는 단순한 이치를 잊지 말아야 합니다.

핵심 성과 지표KPI는 내부 경쟁을 하지 않을 수 없게 만들어놓고서 직원들에게 협력하라고 말하는 것은 앞뒤가 맞지 않습니다. 그렇다고 협력을 더 하고 덜 하는 것을 계량화해서 평가한다는 것도 쉽지 않은 일일 것입니다. 가령 협력을 많이 한 사람에게 10점을 주고 협력을 적게 한 사람에게 1점이나 2점을 주는 방식이 과연 현실적일까요? 이 또한 탁상공론에 불과합니다.

평가란 평가하는 사람이 아니라 평가를 받는 사람이 타당하다고 느껴야 제대로 된 평가인데 평가의 기준이 각자 다르니 서로 불만만 쌓이게 될 것입니다. 남편이 아무리 좋은 선물을 주더라도 아내가 느끼기에 만족스럽지 않다면 결과적으로 좋은 소리 못 듣는 것과 마찬가지입니다.

협력하는 문화 속에서 조직은 더욱 큰 시너지가 생기면서 혁신적인 아이디어들이 나오게 됩니다. 다양한 경험과 능력을 가진 직원들이 서로 협력하는 문화를 만든다면, 어느 한 명의 성취가 아니라 조직 모두가 성취감을 느끼면서 회사가 발전합니다. 협력을 하면 더 큰 파이를 만들 수 있습니다. 제로섬 게임이 아니라 모두가 이익과 성과를 가져갈 수 있는 포지티브섬 상황이 되는 것이지요('제로섬'과 '포지티브섬'에 대해서는 다음 글에서 더 자세히 살펴보겠습니다).

단순히 지시만으로 협력이 이루어지는 것은 아닙니다. 협력하면 혜택이 돌아오고 협력하지 않으면 업무가 진행되지 않는 시스템을 만드는 것이 좋습니다. 축구나 농구 같은 단체 경기에서 득점과 함께 도움assist 점수도 성과 지표에 포함되었기 때문에 팀플레이를 할 수밖에 없는 것입니다. 조직에서 자연스럽게 협력을 정착시키기 위해서 저는 다음과 같은 방법을 권합니다.

- 부서 간의 부분 최적화를 피한다.
- 부서 간에 연계된 목표를 부여한다.
- 부서장을 주기적으로 순환 배치한다.

의도하지 않았겠지만 최고 경영자가 부서 간 협력을 깨는 지시를 하곤 합니다. 부서별로 목표를 각각 주고 모두 달성하면 좋은 결과가 나올 것 같지만 그렇지 않은 경우가 많습니다. 부서별로 자기 목표 달성을 최우선시하게 되면서 다른 부서와의 협력은 후순위로 밀려나 부분 최적화가 되기 때문입니다. 부분 최적화가 진행되면 부서 간 갈등이 발생하고 부서 이기주의로 연결됩니다. 사실상 부서 이기주의는 부서가 만드는 것이 아니라 최고 경영자의 부적절한 지시로 생기는 것입니다.

예를 들면 영업팀에게는 매출액, 제조팀에게는 생산량, 개발팀에게는 개발 일정을 평가 지표로 주게 되면 회사 전체 성과와는 상관없이 자기 부서의 목표가 최우선이 되게 됩니다.

영업팀은 판매하는 데 시간을 많이 써야 하는 신제품보다 기존 제품을 파는 것에 힘을 쏟을 수도 있고, 제조팀은 팔리는 제품의 생산보다 생산량이 최대한이 되는 제품만 생산할 것입니다. 개발팀은 제품의 성능이나 경쟁력이 부족하더라도 일정만 맞추려고 할 것입니다. 부분 최적화는 될지 모르나 전체 최적화가 되지 않게 됩니다. 모두 잘한 것 같은데 회사는 멍들어가는 것입니다.

이런 상황을 피하려면 부서별로 서로 협력해야만 달성할 수 있는 연계된 목표를 설정해야 합니다. 개발팀이 일정과 함께 생산 라인에서의 생산량과 수율의 목표치를 달성하려면 개발 초기부터 제조팀과 협력해야만 합니다. 제조팀도 처음부터 협력해야 생산이 순조롭게 진행될 것입니다. 연계 목표치는 관련 부서가 최선을 다해야 달성할 수 있는 높은 수준으로 잡아야겠지요. 이렇게 해야 진정한 협력이 이루어지고 새로운 방법을 찾아가게 됩니다.

《초격차》에서도 말했듯이 각 부서장을 주기적으로 순환시키면 부서 간의 사일로도 파괴되면서 상대방을 이해하는 분위기를 조성할 수 있습니다. 사실 협력이 안 되는 이유는 다른 부서가 우리보다 편하다는 편견을 갖고 있기 때문이지요. 다른 일을 해보아야 다른 부서의 업무도 힘들다는 것을 인지하고 서로 돕게 되는 것입니다.

이런 협력으로 몇 번의 성공을 경험하게 되면 자연스럽게 조직 내에 협력의 문화가 생기는 것입니다. 조직마다 처해 있는 상황과 여건이 다르므로 나름대로 수정과 보완이 필요하다는 점을 언급해두고자 합니다. 분명한 것은 임직원이 서로 협력하는 시스템을 잘 만들어 운영할 수 있는 리더가 우리에게 반드시 필요하다는 점이겠지요.

협력을 이끌어내는 가장 좋은 방법

우리나라의 젊은 세대는 학창 시절부터 치열한 경쟁을 한 탓인지 협력하는 것에 익숙하지 않아 보입니다. 친구에게 노트도 보여주지 않는다는 이야기가 나올 정도입니다. 모두 자기의 경쟁자로 간주하는 비극적인 상황이 된 것입니다. 학교에서 협력해본 경험이 부족하니 조직 생활에서도 협력을 잘할 수가 없습니다. 그래서 저는 이공계 교수들께 학생들이 협력하는 방법을 연습시켜 달라고 말하곤 합니다. 이런 고민의 연장선에서 교수가 강의하는 방식을 바꿔보자는 제안을 한 적이 있습니다.

학기가 시작되는 첫 시간에 교수는 학생들에게 3명으로 구성된 조를 짜도록 합니다. 3인 1조가 되어 순서대로 교수 대신 강의를 하게 하는 것이지요. 가령 그 학기에 배워야 할 내용이 총 5개 챕터라면 1조부터 5조까지 자신들이 맡은 챕터를 공부해서 강의를 준비하게 합니다.

3명에게는 각자 다른 역할을 부여합니다. 한 사람은 강의 자료를 준비하고, 두 번째 사람은 만들어진 자료를 바탕으로 강의만 진행합니다. 세 번째 사람은 강의를 들은 학생들이 질문을 하면 답변해주는 역할을 맡습니다. 다른 조원이 대신 답변을 할 수 없습니다. 세 사람의 역할이 이렇게 각각 나뉘어 있으므로 제대로 된 강의를 준비하려면 세 사람이 똘똘 뭉쳐 협력할 수밖에 없습니다. 자신이 속한 조가 강의할 내용을 조원 한 사람도 소홀히 공부해서는 안 되겠지요.

교수는 조별 강의가 이루어지기 전에 준비된 강의 내용이 충실한지, 자료 조사가 충분히 되었는지 파악하고 사전 평가를 할 수 있습니다. 부실한 강의 내용을 그대로 진행하게 두었다가는 모든 학생이 아까운 시간만 낭비하게 될 테니까요. 학생들이 준비한 강의 내용이 일정한 수준에 못 미친다면 그에 합당한 평가를 하고 교수가 직접 강의하는 편이 낫습니다. 만일 강의 준비가 잘 되었다면 준비한 조가 강의를 하는 것이지요.

교수는 강의 후에 이어지는 질의응답 시간을 통해서 좋은 질문을 던지는 학생들을 개별적으로 평가할 수도 있습니다. 예습을 충실하게 해서 핵심을 잘 파악한 질문을 하는 학생에게 개별 점수를 주는 것이지요. 이렇게 조별 점수와 개별 점수가 누적되어 최종 평가로 이어진다면 평가하는 사람도 평가받는 사람도 타당하다고 느끼지 않을까요?

물론 이 제안에는 올바른 판단을 내리는 좋은 교수(리더)가 있어야 한다는 대전제가 깔려 있다는 사실을 명심하시기 바랍니다.

협상의 원칙에서 배우는
배려의 문화
제로섬에서 포지티브섬으로

어떤 협상이 성공한 협상일까요? 비즈니스 협상에서, 협력사
와의 협상에서 제가 언제나 부하 직원들에게 강조하는 것
은 '55:45 룰'입니다.

사람들은 대개 성공한 협상이란 내가 일방적으로 유리한 조건
을 확보했을 때라고 생각하는 경향이 있습니다. 예를 들면 내가
80을 가져오고 상대편이 20을 가졌을 때 성공한 협상이라고 생
각하곤 합니다. 80:20이라는 유리한 조건이라면 충분히 그렇게

생각할 만도 하지요. 그러나 20을 가진 상대편의 입장에서 한번 생각해볼 필요가 있습니다. 상대편은 현재 아주 피치 못할 사정이 있거나 정보 부족으로 인한 실력의 차이로 그만큼을 우리 쪽에 양보한 것은 아닐까요? 구체적으로 어떤 상황인지는 모르지만 사정이 있어서 자신의 몫을 내어주는 데 합의할 수밖에 없었을지도 모릅니다. 마음속으로는 나중에 기회만 되면 도망가겠다고 생각할 가능성이 충분히 있는 것입니다.

인간관계에서도 상대편 사정이 급할 때 내가 다 가져가겠다고 하면 상대편도 어쩔 수 없이 내어주겠지만 마음속으로는 원망과 분노가 쌓일 것입니다. 협상도 이와 마찬가지입니다. 단 한 번의 협상으로 관계를 끝낼 것이 아니라면 55:45 룰이 양자에게 가장 좋은 결과이며, 지속 가능한 파트너십을 유지하게 해줍니다. 55:45는 생각하기에 따라 자기가 조금 유리하다고 생각하는 비율이라고 봅니다. 한쪽이 일방적으로 많이 가져가면 관계는 절대로 오래가지 못합니다.

제로섬, 포지티브섬, 네거티브섬

사실 80:20이나 90:10 같은 방식은 주어진 파이를 경쟁해서 나누어 가지는 제로섬zero sum 게임에서나 가능한 것입니다. 기업이 가야 하는 방향은 제로섬 게임에서 승자가 되는 것이 아니라 파이 자체를 키워서 나누는 것이지요.

그러므로 55:45 룰의 중요성은 제로섬 게임이 아니라 포지티브섬positive sum 게임을 전제로 할 때 매우 중요하게 작용하는 것입니다. 쉽게 설명하자면, 제로섬은 한쪽이 많이 가질수록 다른 쪽이 그만큼 잃게 되는 것이고, 포지티브섬은 한쪽이 더 가져간다고 해서 다른 쪽이 반드시 손해를 보는 것은 아닌 경우입니다. 더 나아가 장기적으로는 양쪽 다 이기는 윈윈win-win으로 결과가 맺어지기도 합니다.

가끔은 "나도 죽을 테니 너도 죽어라"라는 최악의 상황까지 가는 네거티브섬negative sum 게임도 있지만, 정상적인 상황에서는 발생하지 않을 것입니다. 협상은 제로섬 게임으로 가져가는 것이 아니라 포지티브섬으로 가져가는 방법을 찾아내는 것입니다.

가끔 회사에서 자기가 갖고 있는 기술의 매출 증가율은 미미하지만 꾸준히 시장 점유율 100%를 유지해서 100의 시장을 독점하려는 방향으로 유도하려는 경영자를 볼 수 있습니다. 앞으로도 오랫동안 다른 대체 기술이 나오지 않거나 경쟁사가 계속 이 분야에 진입하지 않는다는 확신이 있다면 독점 방향으로 가는 것도 한 방법일지 모릅니다. 그러나 좋은 방법은 아니라고 생각합니다. 그보다 회사의 지속 성장을 위해서는 독점을 깨고 시장을 1,000으로 키워 500을 먹겠다는 생각이 포지티브섬 생각입니다.

내부 경쟁은 아무런 도움이 안 된다

일반적으로 기업에서는 직접 이익이나 손해를 내는 부서를 손익 센터profit·loss center라 부르고, 직접 이익을 내지 않고 비용이 발생하지만 지원을 하는 부서를 코스트 센터cost center라고 부릅니다. 개발, 생산, 영업 부서가 손익 센터라면 인사, 총무 등은 코스트 센터에 해당됩니다. 이를 사회 조직에 적용시켜보면 프로핏 센터는 기업이, 코스트 센터는 학교나 국가 기관이 될 것입니다.

대학이나 국가 기관은 조직이 매년 확대되지 않습니다. 올해 교수를 50명 뽑았다가 내년에 100명을 뽑지는 않지요. 국가 기관에서도 한 사람이 장관 자리에서 물러나야 그 자리에 다른 사람이 들어올 수 있습니다. 말하자면 코스트 센터에 제도를 만들어놓지 않으면 필연적으로 내부에서 제로섬 게임에 돌입할 수밖에 없게 됩니다. 대학에서 만든 종신 재직tenure 제도는 일정 요건을 갖춘 교수들에게 정년을 보장해주어 마음 놓고 제자를 양성할 수 있게 하는 것입니다. 제로섬 방지를 위한 대비책이라고 생각합니다.

반면 프로핏 센터에 해당하는 기업은 성장 가능성, 즉 파이를 키울 수 있습니다. 실력 있는 직원이 팀이나 부서 하나를 맡게 될 수도 있고, 신규 사업을 통해서 시장을 확장시킬 수도 있습니다.

그러므로 우리 사회에 존재하는 다양한 조직 중에서도 포지티브섬으로 갈 수 있는 조직은 가정을 제외하면 기업이 유일하다고 볼 수 있습니다. 물론 그러려면 반드시 성장이 전제되어야 합니다. 회사가 성장하지 못하고 쪼그라들기 시작하면 누군가가 나가야 내가 승진할 수 있는 구조가 되어버리고, 결과적으로 아무도 부하 직원을 성장시키는 데 관심을 갖지 않게 될 것입니다.

포지티브섬을 가능하게 하려면 배려의 문화가 전제되어야 합니다. 제로섬은 경쟁을 전제로 합니다. 회사 내에서 동료끼리 경쟁을 하는 관계라면 그 무엇도 잘될 리가 없습니다.

새로운 시대의 새로운 리더십을 위하여

뉴노멀New Normal 시대가 왔다고 말합니다. 뉴노멀을 명확하게 정의 내릴 수는 없지만, 지금까지 노멀normal, 正常이라고 여겨왔던 것이 바뀌고 있는 것만은 확실합니다. 사실 정상은 절대적인 것이 아니니 시대에 따라 변하는 것이 당연하겠지요. 4차 산업혁명이 진행되면서 경제 환경, 사회 현상, 기술 발전, 제도 등 모든 것이 빠르게 변하면서 불확실성도 커지고 있습니다. 우리의 일상생활뿐만 아니라 사회와 산업 구조도 전혀 다른 모습으로 변하고 있습니다. 게다가 코로나19 팬데믹으로 세계적으로 사회 활동이 제한lockdown되는 초유의 비정상적인 경험도 하게 되었습니다.

이와 같이 예상하지 못한 불확실성은 계속 나타나면서 개인이나 조직 모두에게 불안감을 줄 것입니다. 다가올 세상은 지금까지 우리가 예상하지 못했던 새로운 모습이 펼쳐질 것입니다. 새로운 세상, 즉 변혁기에 진입하고 있는 중입니다. 변혁기에는 모두가 불안해하고 위기감을 느끼지만, 준비한 사람이나 조직은 또다른 도약을 할 수 있는 기회이기도 합니다. 위대한 기업과 아이디어는 혼란기에 탄생한 것이 많습니다. 누구도 시도해보지 않은 일을 하니 경쟁자도 없고, 설령 실패하더라도 잃을 것도 없기 때문입니다.

자연에서는 변하는 환경에 적응한 유전자를 갖게 된 개체가 후대로 유전되면서 번성하게 됩니다. 인간 사회에서도 마찬가지입니다. 변혁기에 리더가 도전과 혁신을 하고 그 문화 유전자를 정착시킨다면 새로운 시대에 번창하는 조직이 될 것입니다. 그렇지만 그것은 쉽게 되는 것이 아닙니다. 뉴노멀 시대에 적합한 리더십과 프레임을 갖고 있느냐가 관건이 될 것입니다. 뉴노멀 시대에는 단순히 변화에 적응만 하는 대응적reactive 리더가 아니라 변화와 혁신을 선도하는 주도적proactive 리더가 필요합니다.

우리나라는 산업화 시대의 최우수 모범국가였습니다. 새로운 시대에도 모범이 되기 위해서는 사회 전체적으로 사고 프레임의 전환이 필요합니다. 우리 사회는 인물을 평가할 때 공功보다 과過를 먼저 봅니다. 인물을 평가할 때 잘한 것보다 잘못한 것을 먼저 지적한다는 의미입니다. 이 세상에 공만 있거나 과만 있는 사람은 존재하지 않습니다. 모든 사람은 정도의 차이는 있지만 공과

과를 같이 갖고 있습니다. 다만 어느 것이 더 큰가의 차이일 뿐입니다. '과를 먼저 보는 문화'는 실수를 용납하지 못했던 산업화 시대의 유산일지 모릅니다. 우리나라에서는 과를 먼저 보기 때문에 위대한 리더로 평가받는 인물이 그다지 많지 않습니다. 생존하는 인물이 좋은 평가를 받기는 더욱 어려운 실정입니다.

뉴노멀 시대에는 '창조'가 없으면 생존할 수 없습니다. 창조라는 '공'은 실패라는 '과'와 함께 합니다. '공과 과'는 '빛과 그림자'와 같은 관계입니다. 사회가 발전하려면 공을 먼저 보는 문화가 되어야 도전하고 존경받는 리더가 생기는 법입니다.

현재와 같은 변혁기, 즉 뉴노멀 시대에서는 기업, 교육 기관, 정부 기관 등 모든 조직이 동시에 개혁해야 제2의 '한강의 기적'을 이룰 수 있다고 생각합니다. 우리나라의 현 시스템은 산업화 시대에는 효과를 낼 수 있었지만, 새로운 시대에는 부족한 점이 많습니다. 그렇지만 교육 기관, 정부 기관 같은 공공 영역은 이해 당사자도 많고, 법률과 제도 등이 뒷받침되어야 하기 때문에 빠르게 바꾸기가 쉽지 않습니다. 따라서 상황에 가장 민감하게 영향을 받는 기업이 먼저 변해야 하고, 기업의 리더가 개혁의 선봉장이 되어야 합니다.

1950년대 최빈국이었던 시절에 우리 선배들은 기업가 정신으로 기업을 세웠고 성장시키면서 '한강의 기적'을 이루어냈습니다. 우리는 다시 기업가 정신을 되살려야 합니다. 정신은 본받아야 하지만 방식은 달라야 합니다. 새로운 시대에는 새로운 시스템이 필요합니다. 그러나 많은 리더들은 여전히 과거에 해오던 방식에 머무르면서, 자신들에게 익숙한 프레임을 고수하고 있는 것 같습니다. 지금까지 성공한 자기만의 모델에 고착되어 경직되어 있거나 자기만의 신념이 극단으로 치우쳐 있어서, 미래에 부딪히게 될 다양한 상황에 대응하는 것이 어려워 보입니다.

미래에는 무엇이 언제 어떻게 다가올지 아무도 모릅니다. 이럴 때 우리에게 필요한 것은 어떤 상황이 닥치더라도 대응할 수 있는 유연한 사고를 갖는 것이겠지요. 사고의 유연성이란 바로 그때 빛을 발하는 것입니다.

노자老子의 《도덕경道德經》에는 '상선약수上善若水'란 말이 나옵니다. '가장 좋은 것은 물과 같다'는 뜻으로 지혜와 유연성을 강조한 말입니다.

가장 좋은 것은 물과 같다. 물은 만물을 이롭게 하면서도 다투지 않는다. 사람들이 싫어하는 낮은 곳에 처하기를 좋아한다. 그러므로 도에 가깝다. 살 때에는 낮은 땅에 처하기를 잘하고, 마음을 쓸 때에는 그윽하고, 벗을 사귈 때에는 어질고, 말할 때에는 믿음직하고, 다스릴 때에는 질서 있고, 일할 때에는 능력이 있고, 움직일 때에는 바른 때를 탄다. 그저 오로지 다투지 아니하니 허물이 없다.

물은 어떤 그릇에 담기더라도 그릇 모양에 맞게 형태가 바뀝니다. 리더들이 물처럼 유연한 사고를 하려면 끊임없이 자기만의 시간을 내서 공부하고 생각해야 합니다. 제가 말씀드리는 공부란 책에 파묻혀 지내라는 것이 아니라 미래에 어떤 변화가 올지 생각하는 연습을 하라는 뜻입니다. 또한 다양한 분야의 전문가들을 만나 생각을 나누는 과정 속에서 나름의 대안을 발견할 수도 있을 것입니다.

최근 미국의 유명 회사에서는 인도계 CEO들을 많이 볼 수 있습니다. 구글과 마이크로소프트의 CEO, 펩시의 재기를 이끌었던 여성 CEO도 인도계였습니다. 이는 인도의 언어적·문화적 다양성을 가진 사람들이 실리콘밸리와 같은 미국 특유의 문화에도 잘 녹아든 결과입니다. 반면에 한국에 유능한 CEO가 많지 않은 이유는 자기들만의 문화적 프레임에 갇혀 있기 때문입니다. 이것이 이 책에서도 언급했던 헤테로지니어스 사회와 호모지니어스 사회의 커다란 차이입니다. 동질성이 우선시되는 호모지니어스 사회는 다양성을 존중하는 헤테로지니어스 사회와 경쟁에서 이길 수가 없습니다. 그것은 자연에 나타난 진화 현장입니다. 인류 역사에 가장 영향력을 미쳤던 로마와 몽고 제국 모두 다양성을 인정한 공통점이 있습니다. 이제는 우리도 학벌, 성별, 인종 등에 상관없이 유능한 인재를 활용하는 다양성의 사회가 되어야만 합니다.

리더는 자신의 지혜, 즉 그릇을 키워야 합니다. 최근 지식은 뛰어날지 모르지만 지혜롭지 못한 리더들로 인해 사회가 퇴보한다는 느낌이 듭니다. 지혜가 없는 리더가 보이는 대표적인 행동은 포용성의 결여입니다. 내가 옳다, 내가 맞다, 나는 더 배울 것이 없다는 식으로 모든 것을 자기 위주로 판단하는 것입니다.

포용성이 없는 리더는 조직 내에 갈등과 혼란만을 일으켜 궁극적으로는 자신과 조직을 파괴합니다. 반면에 포용성이 있는 리더는 배려심이 있습니다. 배려에는 소극적 배려와 적극적 배려가 있습니다. 일반적으로 보통 사람이라면 다른 사람들에게 폐를 안 끼치는 소극적 배려만으로도 충분합니다. 소극적 배려는 황금률과 같은 의미라고 보면 됩니다. 그러나 직급이 높아져서 리더가 되면 부하 직원들에게, 더 나아가 회사에 어떻게 하는 것이 도움이 될까를 생각해야 합니다. 이것이 적극적 배려입니다. 언제나 상대방의 입장에서 생각하는 기본을 갖춘 리더라면 미래에 어떤 일이 생기더라도 보다 유연하게 적응하고 대처할 수 있을 것입니다.

위기 상황이 있을 때마다 느끼는 것은 리더십의 중요성입니다. 요즘 전 세계적으로 리더십 부재不在라고 말을 많이 합니다. 지속적인 위기를 해결하지 못하고 악화시키는 것을 보면 뛰어난 리더들이 부족한 것이 사실입니다. 올바른 리더십이야말로 모든 조직의 기초입니다.

이제 우리나라는 선진국으로 진입하려는 문턱에 있습니다. 선진국으로 진입하려면 우리만의 프레임을 구축하고 이를 실천할 진정한 리더가 있어야 합니다. 우리나라 경영자들은 '혁신을 하겠다는 도전 정신', '어느 상황에서도 적응하는 유연성', '다른 생각도 포용'하는 리더십을 갖도록 노력해야 합니다. 세계적으로 어려운 경영 환경이지만 안 된다는 생각을 버리고 앞서 말한 리더십으로 기업을 경영한다면, 우리나라는 4차 산업혁명에서도 모범 국가가 될 것입니다.

저자소개

권오현 權五鉉

2020년 현재 삼성전자 상근고문(前 삼성전자 종합기술원 회장)

삼성전자 '반도체 신화'를 만들어낸 일등공신이자 전문 경영인으로서 삼성전자 회장까지 오른 신화적 인물이다. 변화와 혁신의 물결 속에서 전 세계가 극심한 초경쟁 사회로 진입한 최근 10여 년간 삼성전자를 초일류 기업으로 도약시킨 탁월한 리더십의 소유자로 높이 평가받는다. 1985년 스탠퍼드 대학교 대학원에서 전기공학 박사학위 취득 후 미국 삼성반도체연구소 연구원으로 삼성에 입사, 1992년 '세계 최초'로 64Mb DRAM 개발에 성공함으로써 이후 삼성전자가 걷게 되는 '초격차 전략'의 실질적 토대를 닦았다. 2008년 반도체 사업부 총괄 사장을 거쳐 2012년 삼성전자 대표이사 부회장 겸 DS Device Solution 사업부문장에 올랐다. 그의 진두지휘하에 삼성전자는 2017년 인텔을 제치고 세계 반도체 1위 기업에 오르는 등 사상 최대 실적을 기록했다. 지적이면서도 끈기와 집념이 강한 원칙주의자이지만, 다른 한편으로는 의전이나 불필요한 회의를 싫어하고 열린 마음으로 임직원과 대화하는 것을 즐긴다. 2017년 10월 경영 일선에서 물러난 뒤 2020년 3월까지 2년간 삼성전자의 차세대 기술을 연구하는 종합기술원 회장으로서 경영 자문과 인재 육성에 열정을 쏟았다. 현재 삼성전자 상근고문으로 있다.

초격차
리더의 질문

2020년 9월 10일 초판 1쇄 | 2024년 8월 30일 65쇄 발행

지은이 권오현
펴낸이 이원주, 최세현 **경영고문** 박시형

기획개발실 강소라, 김유경, 강동욱, 박인애, 류지혜, 이채은, 조아라, 최연서, 고정용, 박현조
마케팅실 양근모, 권금숙, 양봉호, 이도경 **온라인홍보팀** 신하은, 현나래, 최혜빈
디자인실 진미나, 윤민지, 정은예 **디지털콘텐츠팀** 최은정 **해외기획팀** 우정민, 배혜림
경영지원실 홍성택, 강신우, 김현우, 이윤재 **제작팀** 이진영
펴낸곳 (주)쌤앤파커스 **출판신고** 2006년 9월 25일 제406-2006-000210호
주소 서울시 마포구 월드컵북로 396 누리꿈스퀘어 비즈니스타워 18층
전화 02-6712-9800 **팩스** 02-6712-9810 **이메일** info@smpk.kr

ⓒ 권오현 (저작권자와 맺은 특약에 따라 검인을 생략합니다)
ISBN 979-11-6534-215-9 (03320)

- 이 책은 저작권법에 따라 보호받는 저작물이므로 무단전재와 무단복제를 금지하며, 이 책 내용의 전부
  또는 일부를 이용하려면 반드시 저작권자와 (주)쌤앤파커스의 서면동의를 받아야 합니다.
- 잘못된 책은 구입하신 서점에서 바꿔드립니다.
- 책값은 뒤표지에 있습니다.

쌤앤파커스(Sam&Parkers)는 독자 여러분의 책에 관한 아이디어와 원고 투고를 설레는 마음으로 기다리
고 있습니다. 책으로 엮기를 원하는 아이디어가 있으신 분은 이메일 book@smpk.kr로 간단한 개요와 취
지, 연락처 등을 보내주세요. 머뭇거리지 말고 문을 두드리세요. 길이 열립니다.